掌握TCP对称法
为企业创造价值

周宁 纪宇 王志刚

降本增效

海信TCP方法
与实践

周宁　纪宇　王志刚　著

中国人民大学出版社
·北京·

序 一

当今世界正经历百年未有之大变局。我国家电等传统制造业发展面临资源相对不足、环境承载能力较弱、人口红利消失和要素成本全面上升等困境，再加上地缘政治因素带来的产业链转移和重塑，使得我国制造业原有的比较优势正在逐渐消失，粗放式的发展道路越走越窄，必须加快转型升级步伐。发轫于传统家电业但实现了国际化运营的海信集团，近十几年来一直在探索快速实现转型升级的路径和方法，《降本增效——海信 TCP 方法与实践》一书即在某些方面反映了海信的思考和实践。

海信 TCP 方法和工具的引入源于 21 世纪初期家电业同质化激烈竞争的时代。在 2008 年前后，海信空调正处于发展的关键转折点。彼时，全球金融危机冲击市场，空调行业深陷同质化竞争的红海，大宗原材料价格剧烈波动与人力成本持续攀升形成双重挤压，而跨国客户每年 5％ 的刚性降本要求更如达摩克利斯之剑高悬。传统的降本方法无计可施，正是在这样的生存压力下，海信努力寻求创新的方法和工具来解决成本的竞争力问题。TCP （total cost productivity）对标法就是学习国际先进公司的管理经验，从惠而浦引入海信空调，经过本土化改造，逐步演变为贯穿海信全价值链的"成本革新引擎"。简单而言，TCP 方法基于"应该成本"及"优中取优"理念实现成本的突破性降低。海信各公司在实践中不断丰富和改进TCP 方法，与技术开发、合作创新、价值链设计等流程不断融合，使之最终成为海信标准的管理方法论。TCP 方法穿透式分析供应链，动态优化产品设计，在空调行业四次大规模价格战中构建起独特的成本护城河，更在跨界整合日本三电汽车空调业务中展现了强大的方法论穿透力。

周宁教授对海信空调 15 年管理实践进行了系统总结，并进行了理论升华，我认为本书的价值在于三个维度的突破：

其一，首次系统揭示了 TCP 方法的"四阶进化论"——从初期对标拆解的"显微镜"功能，到中期研发创新的"导航仪"作用，再到全价值链协同的"操作系统"属性，最终升华为跨界创新的"生态连接器"。这种动态演进的管理工具，打破了传统成本控制"节流优先"的思维定式，将成本管理前置到产品开发阶段，实现"成本即设计"的理念贯穿。

其二，通过 30 余个实战案例的深度剖析，展现了技术突破与商业价值的共振效应。无论是中东市场超薄空调的噪音攻关，还是圆柱柜机艺术化设计带来的溢价空间，都印证了"成本优势的本质是系统化的创新能力"这一底层逻辑。

其三，创新性地搭建了"实践—理论—跨界"的三元结构，既为管理者提供采购议价策略、工艺优化路径等实战工具，又通过"管理理论方法与企业管理实践"模块实现丰田模式、波特理论与中国情境的对话，更在汽车空调领域的跨界实践中验证了这一管理方法论的普适性。

作为海信"技术立企、稳健经营"发展战略的重要实践成果，TCP方法背后折射的是中国制造企业向价值链高端攀升的集体智慧。它证明：**真正的成本竞争力不在于简单的流程优化，而在于构建"研发—制造—供应链"的协同创新生态；不在于对单一环节的极致压缩，而在于通过动态对标实现全要素生产率的持续提升。**

期待这本书能成为点燃企业变革火种的燧石，让更多中国企业在全球产业变革中，以**"聪明的成本"**赢得**"智慧和高质量的增长"**，共同书写中国制造强国的新篇章。

林澜

海信集团

2025 年春于北京

序　二

在百年变局与行业变革共振的新时代，基建行业正经历着从规模扩张向精益管理转型的深刻变革。作为中国中铁总会计师，我始终关注跨行业管理智慧的融合创新。海信空调创造的 TCP 对标法虽源自制造业，但为基建企业破解"规模不经济"困局提供了跨界启示。

当前，基建行业面临复杂挑战，比如工程项目成本动态波动加剧，跨国采购受地缘政治扰动，绿色低碳转型倒逼供应链重构。传统成本管控往往局限于预算定额对标，难以应对多维度变量交织的复杂场景。TCP 对标法提出的与竞争对手对标、供应链降本共赢等思想，恰为破解这些难题提供了新视角。此外，本书启发企业构建自身的**"成本竞争力基因图谱"**。海信通过零部件对标建立了**"成本DNA 数据库"**，而基建企业亟需的**"工程要素成本基准库"**也遵循这一建设逻辑。

作为企业的高级管理者，我也关注成本领先与技术创新之间的平衡。以往中国中铁在核心技术攻关过程中，每一次重大的突破性技术创新都伴随着高额的研发投入，海信 TCP 对标法在研发环节的成功应用有高达 90% 的研发效率，这启发我们重新思考成本与技术之间的均衡。

期待本书成为基建行业管理者的战略镜鉴。当 TCP 方法论遇上"铁公基"项目，不仅催生成本管控的新范式，更启示我们：行业的边界不应成为创新的枷锁。**愿中国基建企业在跨界对标中锻造独特竞争力，在精益求精中筑牢百年工程根基。**

中国中铁股份有限公司总会计师
2025 年春于北京

序 三

在经济全球化与产业变革交织的新时代，中国制造业正面临成本优化与创新驱动的双重挑战。作为深耕企业财务管理三十载的实践者，我深刻体会到：**成本管控绝非简单的数字压缩，而是关乎企业战略重构、价值链重塑的系统工程。** 海信空调的 TCP 对标法，正是这一理念的生动诠释。本书以翔实的案例与深刻的理论剖析，为中国制造业的降本增效实践提供了极具价值的参考范本。

当前，我国制造业正处于从规模扩张向质量效益转型的关键阶段。原材料价格波动、人力成本攀升、国际竞争加剧等压力叠加，倒逼企业向管理要效益。制造业作为国民经济的支柱，更肩负着通过管理创新引领行业升级的使命。TCP 对标法所倡导的**"全价值链穿透式对标"**思维，与国务院国资委提出的**"国有重点企业对标世界一流管理提升行动"**高度契合。书中揭示的**"拆竞品、找差距、优设计"**方法论，不仅适用于家电行业，还为装备制造、能源化工等重资产领域提供了可迁移的路径。采购议价策略中的合作共赢、研发环节的产学研融合、生产制造的精益化改造，这些鲜活场景与目标成本法、价值链理论的深度融合，展现了中国管理智慧的独特演进。尤为可贵的是，第 7 章汽车空调的跨界实践案例，打破了一般成本管理方案的行业边界。海信收购日本三电后实施的中日团队文化适配、窗口期滚动对标、跨行业供应链协同的"三阶模型"，与中央企业跨国并购中的管理整合经验不谋而合，为"双循环"格局下的产业链协同创新提供了新思路。

作为财务管理者，我特别关注 TCP 方法对管理决策的促进作用。传统成本管理常陷于财务数据的事后核算，而 TCP 方法则将成本控制前移至研发设计阶段，通过 DFMA 软件实现"成本基因编码"。书中巴西市场定价修正案例，生动演绎了如何通过成本对标实现市场策略的动态调整，这正是**价值型财务向战略型财务**转型的经典范例。

期待本书能成为制造业管理者的案头指南，助力更多企业构建可持续的成本竞争优势。海信空调的实践表明：真正的降本增效，是技术创新与管理智慧的共舞，是数据理性与人文洞察的交响。**愿中国企业在对标中超越，在降本中提质，共同谱写高质量发展的新篇章。**

蒋占华

中国盐业集团有限公司总会计师

2025 年春于北京

序　四

非常高兴能在此为北航周宁老师团队出版的《降本增效——海信 TCP 方法与实践》这一专著作序。

周宁老师是北京市高等学校教学名师，她最可贵的是长期带领团队扎根企业开发本土案例，其主持和参与开发的案例有 40 余篇入选教育部 MBA/MPAcc/金融专硕教指委的全国优秀案例，有 1 篇入选哈佛案例库，其案例开发和案例教学水平国内知名。周老师在任北航经管学院副院长期间还创新推出了**案例教学、实验教学、实践教学的"一案两实"**教学模式，后续又构建了**案例开发、案例教学与案例研究"三案相生相长"**的生态体系，持续创新了情境式教学模式，在国内同行中具有广泛影响。

这本书是在中国管理案例共享中心与海信集团建立"案例企业基地"后首批开发的获奖案例《精耕细作：国际化的海信空调降本增效之路》的基础上，进一步扩展、补充、提炼而形成的，源于作者团队对海信空调十余年管理实践的深度观察与系统总结。我认为本书有以下三个特点：

第一，从实践中凝练中国企业的管理智慧。作为国内空调行业"技术立企"的标杆，海信空调在成本管理上的突破，不仅帮助自身从价格战的泥潭中突围，还实现了从"追赶者"到"引领者"的跨越。TCP 对标法通过拆解、对标、去耦合与迭代创新在全价值链上推广应用，将成本控制从被动应对转为主动设计，其背后折射出中国制造企业向精益化、智能化转型的深刻逻辑。

第二，实践情境与理论知识精准链接。本书既是一部企业实战手册，展示了 TCP 对标法在采购议价、研发创新、生产优化等环节的具体应用；又是一部理论指南，将目标成本管理、全价值链分析等经典理论与本土实践无缝衔接。更可贵的是，书中跨界应用的案例（如汽车空调领域）揭示了管理创新的普适性——真正优秀的方法论能穿透行业壁垒，在多元场景中生根发芽。

第三，企业实践的亲历者参与本书的编著。本书作者之一，海信集团研发部总监、海信空调副总经理、现任海信三电高级顾问的王志刚博士，亲自参与并见证了 TCP 对标法在海信集团的引入、推广、发展、改造和迁移。他以深厚的专业背景、丰富的管理经验，让理论与实践更紧密地结合在一起，为本书提供了极具价值的实战案例和专业见解。

作为长期关注中国企业管理会计的学者，我欣喜于看到本书的出版。它不仅是对海信经验的总结，更为中国制造业的转型升级提供了可复制的路径。期待更多读者从中获得启发，让对标思维成为驱动企业持续进化的核心动力。

张新民

对外经济贸易大学原党委常委、副校长

国务院学位委员会工商管理学科评议组成员

财政部会计名家

2025 年春于北京

序　五

作为深耕民航业近四十载的财务管理者，我深知成本管理对企业生存发展的重要性，也一直致力于航空公司的成本管理实践并汲取其他行业的有益经验。有幸先睹这本好书，为我打开了成本管理新思路。

书中剖析了海信空调的 TCP 对标法，通过详细拆解竞品、分析成本构成，精准找出降本空间与创新方向，这一套方法论在海信空调的国际化进程中发挥了显著作用。书中实战案例丰富，涉及采购议价、研发创新、工艺优化等多个方面，为传统制造业企业提供了可落地的降本策略。它不仅是一本成本管理的工具书，更是企业突破传统降本瓶颈、构建可持续竞争优势的实用指南，对希望在成本与创新上取得平衡的各级企业管理者来说，极具参考价值。

2008 年全球金融危机之际，我亲历了中国航空业如何在油价飙升与需求萎缩的双重夹击中突围。2020 年至2022 年，我更是见证了厦门航空在整个民航业寒冬之时焕发生机的奇迹。彼时战略成本管理与精细化成本管控成为企业运营的双重奏，在不断细化、对比、优化中，运力与人力的效率被激发出来，不断突破国外垄断技术的制约，企业成本才能不断下降，这与海信空调的 TCP 对标法异曲同工。本书揭示的"拆竞品、找差距、优设计"方法论，恰是中国企业从"跟跑"到"并跑"的关键密码：**以竞品为镜，照见的不仅是成本差距，更是技术突破的路径与供应链协同的生态。**

　　站在后疫情时代的全球竞争场，成本管理早已超越"节流"的范畴，成为企业战略创新的核心动能。谨以民航业"每一克重量都要计较，每一分钟效率都要提升"的座右铭，与海信 TCP 对标法的实践者共勉：当我们学会用对标的镜子照见未来，降本增效终将升华为一场永无止境的价值创造远征。

厦门航空有限公司原副总经理

2025 年春于北京

前　言

在成本压力与创新需求交织的制造业新时代，**如何实现"降本"与"增效"的双赢？** 如何突破传统降本瓶颈、构建可持续的竞争优势？这不仅是企业面临的挑战，更是我国制造强国战略下亟待解决的关键问题。本书以海信空调的 TCP 对标法为蓝本，尝试回答这些问题，为制造强国建设贡献实践智慧。

本书的出版**一是为实践者提供可行的管理工具**，详解 TCP 对标法在采购、研发、生产、销售等全价值链环节的操作步骤，辅以 30＋真实案例，并手把手教会企业如何拆竞品、找差距、优设计、降成本。**二是为研究者搭建理论与实践的桥梁**，每章"管理理论方法"模块和"企业管理实践"模块将经典的管理知识和理论与企业管理实践相对照，揭示中国情境下的理论演变。**三是为跨界者打开视野**，第 7 章展现了该方法论迁移应用的智慧，证明了优秀管理工具具备行业穿透力。

本书主要由三部分构成。**第一部分是基础篇**（第 1～2 章）：系统阐释 TCP 对标法的定义、流程与实施过程，解析其**"优中选优、动态迭代"**的核心逻辑。

第二部分是应用篇（第 3～6 章）：分场景拆解采购议价、研发创新、工艺优化、客户需求响应的实战技巧，包含"翅片技术突破""超薄空调研发"等标志性案例。我们**既深入企业记录真实的商业战役**：从巴西市场变频空调定价失误的修正，到中东超薄空调噪音攻关的技术突围；**也溯源理论脉络**，将丰田目标成本法、波特价值链理论与本土实践对照，揭示"渐进式创新""产学研融合"在中国情境下的独特演化。书中 30 余个案例，既为管理者提供"采购议价策略""技术创新策略"等可落地的操作指南，也为学者呈现价值链链接、供应链穿透、跨界技术嫁接等鲜活的本土化研究命题。

第三部分是跨界篇（第 7 章）：以海信收购日本三电为背景，展示 TCP 对标法在汽车供应链中的适应性改造，探讨管理创新的边界与可能性。TCP 对标法的跨界生命力在汽车空调领域得到充分验证。通过中日团队文化适配、窗口期滚动对标、跨行业供应链协同的"三阶模型"，海信三电不仅实现扭亏为盈，更证明了优秀管理方法穿透行业壁垒的可能性。这种从家电到汽车、从车间到课堂的思维迁移，正是中国制造走向高质量发展的缩影。

希望本书可以为企业管理者提供可直接参考的各价值链环节的"成功心法"，制定切实有效的降本策略，也希望通过"理论链接"部分帮助高校学生理解学术概念的现实映射，同时为咨询业的从业者提供管理方法跨界应用的借鉴思路，提升解决方案的行业适配性。我们始终相信，成本管理的终极目标不是"更便宜"，而是"更聪明"——期待读者透过本书，既能掌握降本增效的实战密码，又能听见创新在组织中生长的声音。

本书的完成，离不开海信集团开放创新的文化基因。感谢海信空调多位技术专家与管理者的无私分享，以及日本三电等合作方的支持。特别感谢王志刚博士对实践案例的深度解读，为本书注入第一手实战智慧。翻开本书，您将开启一场从工厂到课堂、从成本表到战略图的管理探索之旅。期待与您共同见证：**对标，如何让企业看见更远的未来。**

周　宁　纪　宇　王志刚

目　录

第 1 章
TCP 对标法介绍

完全成本效率（total cost productivity，TCP）对标法起始于波音公司，在现代制造业企业中多有使用，2008 年由惠而浦传入海信集团，并在海信集团逐步推广、演变、迁移。历经十多年的发展，该方法在海信集团已经不仅仅是有效的成本管理方法，更成为海信集团独具一格的管理策略，其思想已经融入海信集团的企业文化中。本章将结合海信集团的发展过程介绍 TCP 对标法的引入背景、方法定义、使用流程和关键步骤。

1.1　引入背景

海信空调成立于 1996 年，是中国最早致力于变频空调研发、生产和推广普及的企业，是集空调技术研发、生产制造、市场销售、技术服务于一体的专业化企业。公司多年来始终坚持"技术立企"，利用沉淀的技术优势，推进技术的迭代升级。截至 2020 年，已取得国家级、省级、市级科研成果超过 3 000 项，年产能 1 200 万套以上，产品远销全球 130 多个国家和地区。图 1-1 展示了海信空调发展大事记。从产品和技术层面看，海信空调的发展历程主要分为两大阶段：

第一个阶段是变频空调的发展和推广阶段（1997—2010 年）。海信作为国内第一个变频空调的研发和量产品牌，一直以变频专家的角色在能效升级和技术标准层面推动着国内空调行业变频空调的规模化发展，到了 2010 年变频空调已经在家用空调产品中占据主流地位。

第二个阶段是引领家用空调行业产品家具化阶段（2010 年至今）。海信从 2008 年就开始预研圆柱柜机产品，经过两年多的努力克服了送风距离、送风量、噪音及能效比等一系列技术问题后，在国内率先上市技术领先的艺术化圆柱柜机产品，之后又推出了耳目一新的苹果系列挂机产品，推动了家用空调行业的空调产品家具化。

近年来，海信国际化进程不断加快。2021 年 5 月 31 日，海信家电发布公告称，其已完成收购日本三电控股株式会社（简称日本三电）的股权交割手续，以 214.09 亿日元（约 13.02 亿元人民币）认购日本三电定向增发的 83 627 000 股普通股股份，持有约 75% 的表决权，正式成为日本三电的控股股东。

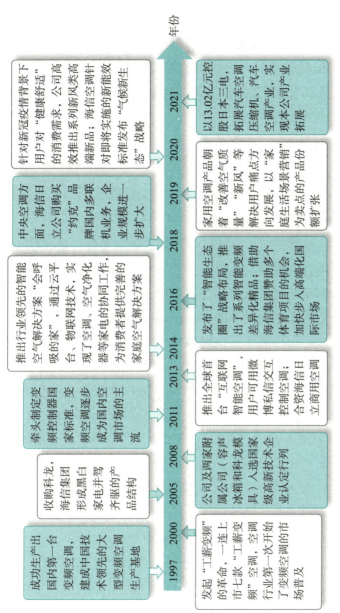

年份

1997 成功生产出国内第一台变频空调，建成中国技术领先的大型变频空调生产基地

发起"工薪变频"的革命，一连上市七款"工薪变频"空调，空调行业第一次开始了变频空调的市场普及

2000

2005 收购科龙、海信集团形成黑白家电并驾齐驱的产品结构

公司及两家附属公司（容声冰箱和科龙模具）入选国家级高新技术企业认定行列

2008 牵头制定变频控制器国家标准，变频空调逐步成为国内空调市场的主流

2011 推出全球首台"互联网+智能空调"，用户可用微博私信交互控制海信空调；合资海信日立成商用空调

2013 2014 推出行业领先的智能空气解决方案"会呼吸的家"，通过云平台、物联网技术，实现了空调、空气净化器等家电的协同工作，为消费者提供完善的家庭空气解决方案

2016 发布了"智能生态圈"战略布局，推出了系列智能变频差异化精品；借助海信集团赞助多个体育项目的机会，加快迈入高端化国际市场

2018 中央空调方面，海信日立公司购买"约克"品牌国内多联机业务，企业规模进一步扩大

2019 家用空调产品朝着"改善空气质量""新风"等解决用户痛点方向发展，以"家庭生活场景营销"为卖点的产品份额扩张

2020 针对新冠疫情背景下用户对"健康舒适"的消费需求，公司高效推出系列新风类高端新品；海信空调针对即将实施的新能效标准将发布"气候新生态"战略

2021 以13.02亿元收购日本三电，拓展汽车空调压缩机、汽车空调产业，实现本公司产业拓展

图1-1　海信空调发展大事记

海信空调的快速成长离不开 2008 年引入的 TCP 对标法，当时海信空调面临着激烈的行业竞争环境，不断上涨的成本压力，以及大客户持续压价的困境。TCP 对标法的引入从根本上帮助海信空调缓解了这一困境。下面将详细介绍 TCP 对标法的引入背景。

1. 激烈的行业竞争环境

我国空调行业发展 30 年来，龙头企业居多，先后经历了五个发展阶段（见图 1-2）。

在空调行业发展过程中，除了市场规模的快速扩大，行业内企业数量、主要龙头企业也不断变化，空调行业格局的变迁背后反映的是不断增强的制造优势、适应时代变化的渠道优势和品牌效率的综合优势。20 世纪 80 年代，空调仅限于一些特殊单位、部门使用，进口空调在内地几乎是一统天下的局面，且以窗机为主。进入 90 年代，我国人民生活水平提高，居住条件改善，空调作为耐用高档消费品开始进入家庭（如图 1-3 所示）。直至 1997 年，整个空调行业都处于发展初期，卖方市场特征明显，合资与内资品牌百花齐放，行业规模扩大，空调产量大幅提升，企业间的竞争要素主要是产能。这一阶段空调完成从高耗能奢侈品向产业政策放开后耐用消费品的转化，行业逐渐进入黄金时期。

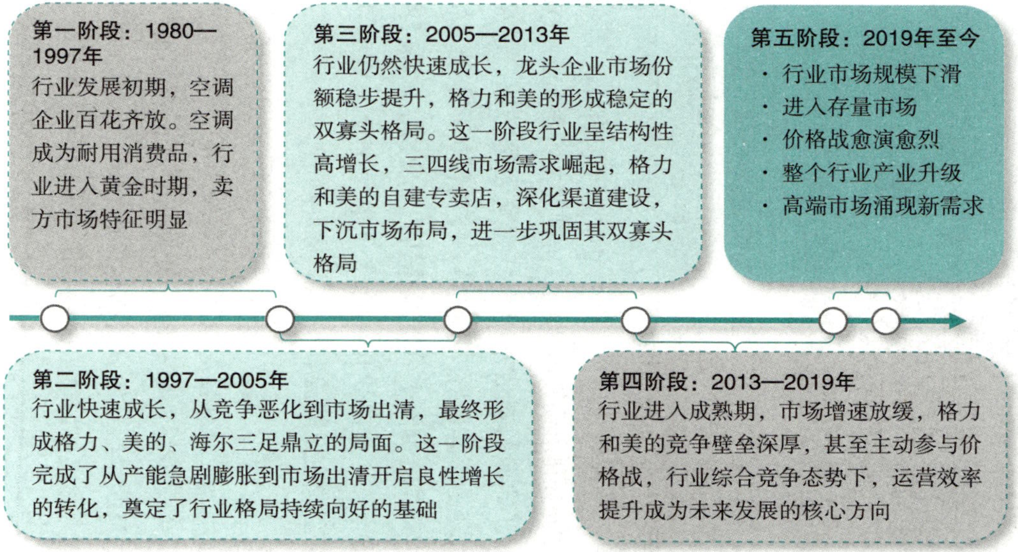

第一阶段：1980—1997年
行业发展初期，空调企业百花齐放，空调成为耐用消费品，行业进入黄金时期，卖方市场特征明显

第二阶段：1997—2005年
行业快速成长，从竞争恶化到市场出清，最终形成格力、美的、海尔三足鼎立的局面。这一阶段完成了从产能急剧膨胀到市场出清开启良性增长的转化，奠定了行业格局持续向好的基础

第三阶段：2005—2013年
行业仍然快速成长，龙头企业市场成长，格力和美的形成稳定的双寡头格局。这一阶段行业呈结构性高增长，三四线市场需求崛起，格力和美的的自建专卖店，深化渠道建设，下沉市场布局，进一步巩固其双寡头格局

第四阶段：2013—2019年
行业进入成熟期，市场增速放缓，格力和美的的竞争壁垒深厚，甚至主动参与价格战，行业综合竞争态势下，运营效率提升成为未来发展的核心方向

第五阶段：2019年至今
行业市场规模下滑，进入存量市场，价格战愈演愈烈，整个行业产业升级，高端市场涌现新需求

图 1-2　中国空调行业发展历程

图 1-3 20 世纪 90 年代的空调

1997 年以后，空调行业进入快速成长期。低门槛高盈利的行业特征吸引了一批小厂纷纷进入，空调行业随后出现供过于求的买方市场局面，并于 2001—2002 年迎来第一次库存危机，产能亟待出清。小厂主动发起价格战，开启恶性竞争，致使空调市场一度出现以价博量的混战局面。其间上游持续上涨的原材料成本因价格竞争无法转嫁，这在 2005 年成为压垮小厂的最后一根稻草，下游国美等电器连锁企业崛起，从产业链价值中分走部分利润，使得空调品牌商进一步受到挤压。这种白热化的价格竞争叠加上下游的双重挤压，使得空调企业的盈利能力不断下降。

截至 2005 年，行业完成了市场出清，初步形成了格力、美的、海尔三足鼎立格局（如表 1-1 所示）。经过此次价格战，空调企业纷纷调整战略，开始重视产品质量和渠道策略。随后空调行业开始呈现结构性高增长，三四线市场需求崛起，格力和美的通过自建专卖店，深化渠道建设，下沉市场布局，进一步巩固了寡头地位，而海尔则因推行零库存失去渠道进攻性，逐步丧失了龙头地位。此外，这一阶段的空调企业逐步推进产业链一体化，比如通过压缩机等核心零部件自制提高产品适配性、出货稳定性并降低成本。此外，空调企业还利用规模优势推动成本下降。

表 1 - 1　2005 年行业初步形成三大阵营

类型	年销售量	主要品牌
第一阵营	不低于 300 万套	格力、美的、海尔
第二阵营	100 万～300 万套	海信、奥克斯、春兰、志高、科龙、长虹、松下 LG、日立、华凌、TCL、格兰仕、新科、杨子、新飞、三菱电机、三菱重工、澳柯玛、三星、双鹿
第三阵营	低于 100 万套	双菱、美歌、夏普、索伊、德贝里克、现代、富士通、三强

2008 年，行业内各企业由产能竞争转向专利竞争。随着空调能效等级标准不断提升，各大空调企业纷纷进行专利研发，构建产品壁垒，抢占市场份额。企业通过使用波特五力模型，对行业竞争现状进行分析，如图 1 - 4 所示（"＋"代表对企业有利，"－"代表对企业不利）。空调行业竞争激烈，空调企业品牌众多，行业逐步形成了格力、美的、海尔三足鼎立的较为稳定的市场格局，而奥克斯、华凌、TCL、长虹等强势品牌也占据了一定的市场份额。"三超多强"的行业竞争环境使得空调企业的客户议价能力较弱，因此空调企业间频繁爆发价格战，以占领市场。

海信空调也不得不在价格上做出让步，以换取一定的市场份额，但这种竞争策略无疑会压缩企业的利润空间，给海信空调的成本管理带来一定压力。为实现既定的利润目标，海信空调急需引入一套有效的成本管理方法，帮助其在提供

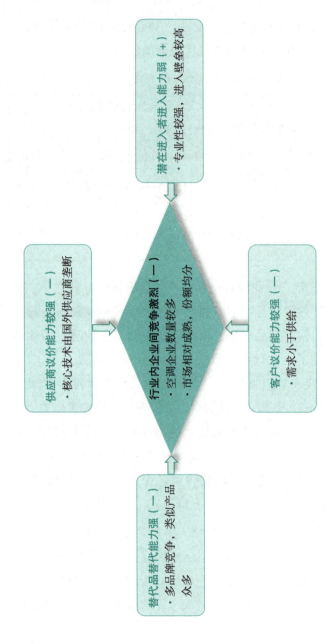

图 1-4　空调行业波特五力模型分析图

质高价优产品的同时，仍能保有维持企业可持续发展的盈余。

2. 不断上涨的成本压力

空调的材料成本所占比重较大，高达 80%，而铜、铝等大宗商品作为空调的主要原材料，自 2005 年起价格不断上涨。据统计，截至 2020 年 12 月，SMM 1♯ 电解铜的平均价格为 57 910 元/吨，较 2020 年 4 月的价格（50 090 元/吨）上涨约 15.6%；SMM A00 铝现货价升至 16 770 元/吨，较 2020 年 3 月最低位（13 000 元/吨）上涨约 29%。

此外，过去 20 年，我国人力成本逐渐攀升。2005 年以来，我国劳动力成本上涨五倍有余，特别是制造业劳动力越来越稀缺（见图 1-5）。部分发达地区制造业用工成本甚至高于工业机器人成本。这进一步加剧了海信空调的成本压力。

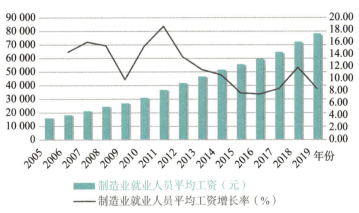

图 1-5　2005—2019 年我国制造业就业人员平均工资与增长率

　　同时，新能效标准的不断出台要求空调企业持续进行研发投入，这对海信空调的成本管理提出了更高的要求。回顾国内空调能效标准变化史，我国自 1989 年首次制定空调能效标准以来，30 多年里共出台 7 部房间空调器能效标准，对空调的能效要求逐渐提高。到 2022 年，我国家用空调等制冷产品的市场能效水平提升 30% 以上；绿色高效制冷产品市场占有率提高 20%；实现年节电约 1 000 亿千瓦时。高能效标准给相关技术带来新要求，而技术达标后需进一步寻求突破，这倒逼空调企业转型升级，持续开展研发活动。然而在市场售价上，新能效产品与旧能效产品的售价基本持平，这意味着企业无法通过提高产品售价来补偿研发支出，只能依靠自身的成本管理能力。

3. 大客户持续压价的困境

　　2007 年，海信空调与惠而浦确立 OEM 战略合作关系，惠而浦成为海信空调海外市场最大的 OEM 客户。然而，惠而浦要求海信空调每年降低 5% 的产品成本，并且空调产品的各项技术指标和性能只能提升不能下降，否则便终止合作。

　　为应对这一挑战，海信空调与惠而浦多次商议讨论，计划在顺德成立联合降本团队，学习借鉴惠而浦在深圳设立的 TCP 成本分析团队的降本经验。据悉，该团队在短短两年内就完成了惠而浦与韩国三星和 LG 洗衣机产品的成本对标，成果显著。2008 年 8 月，海信空调与惠而浦确定了长期可持续的成本控制方案，以实现双方约定的成本控制目标。海信空调专门与惠而浦成立了联合 TCP 项目组来负责该项事务。自此，海信空调开始初步尝试实施 TCP 对标法。

1.2　方法定义

TCP 对标法是海信空调于 2008 年向美国惠而浦学习引进的一种降本增效方法，采用应该成本（should cost）概念。应该成本就是从产品开发到制造和分销，控制整体价值链，在跨职能团队的贡献下交付产品的正确成本。

该方法源于波音公司，初版以一款信息详细的面向制造和装配的设计（design for manufacture and assembly，DFMA）系统为载体，后逐渐演化为一种分析理念。它可以解决物料清单（bill of materials，BOM）成本与制造费用的优中选优（best of best，BOB）问题。

DFMA 包含两个软件：DFM 和 DFA。DFM（design for manufacture）是计算产品应该成本的有力工具，提供产品材料和工艺最优选择。DFA（design for assembly）是面向装配的设计，是产品简化设计的有力工具。海信空调初期借鉴惠而浦的分析步骤，严格按照拆解至不可拆分的零件原则，全程采用 DFMA 核算零件及装配成本，一个项目耗时 2～3 个月。后来由于竞品分析项目偏多，为了满足测试需求，零件拆解至部件，并通过建立零件价格模型提高成本核算效率。目前效率提升后两周左右就可以拿出一份完整的 TCP 分析报告。

TCP 对标法的核心点有五个（如图 1－6 所示）：零售价格合理、供应链优化、应该成本分析、采购议价和价值工程，每个核心点的关键实施步骤为深蓝色标注区域。

零售价格合理由市场部总负责，采用利润加速工具和六西格玛工具，实现产品的功能价值提升，优化产品线结构，减少产品型号，提升销量。

供应链优化由供应链总负责，采用精益加工工具，对供应链进行诊断和分析，发现需要改进的地方，供应链上采用精益供应。

应该成本分析由技术部总负责，采用应该成本分析工具，对产品进行表面分析、应该成本分析和竞品分析，实现最优成本。

采购议价由采购部总负责，采购部根据目标成本价格与供应商议价，供应商根据成本要求提升方案，进行竞标。这一核心点的关键在于最佳成本产地分析。

价值工程由研发部总负责，采用成本分析工具，构建成本预测模型，使用精益加工技术，研发人员讨论设计方案，寻求产品的独特价值。

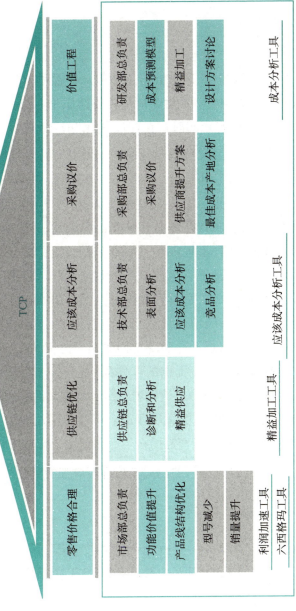

图 1 - 6　海信 TCP 核心优化图

013

1.3 使用流程

海信空调的 TCP 分析团队一般从新品的开发阶段就参与进来，在整个产品生命周期内持续跟进，或者根据企业需求定向展开。同时，在产品优化和技术迭代的过程中，需要反复实施 TCP 对标法。目前，海信空调的 TCP 对标法管理流程如图 1-7 所示。

TCP 分析由 TCP 办公室主要负责，并以项目制的方式展开。首先 TCP 办公室与采购部等公司其他部门沟通需求，指派 TCP 工程师按需制订分析计划；随后成立项目组，整机 TCP 项目组成员一般包含结构、性能、电气TCP 分析人员，必要时可增加研发专业工程师、工业设计专业工程师，特殊项目可以组织包含工艺、质量、财务、采购、规划、市场、专利等部门人员。然后进行 TCP 分析，根据成本管理室提供的部件采购信息，经拆解竞品、选出 BOB、去除耦合、迭代创新四大步骤，优中选优，输出分析结果。最后，方案经评审会审核后投入应用。该方法的主要原理是基于产品的全生命周期实现降本增效。

下面对 TCP 分析的四大步骤进行详细的举例介绍。

1. 拆解竞品

首先，TCP 办公室收到市场或技术等部门的分析需求，启动一个 TCP 项目，该项目除 TCP 办公室人员参与

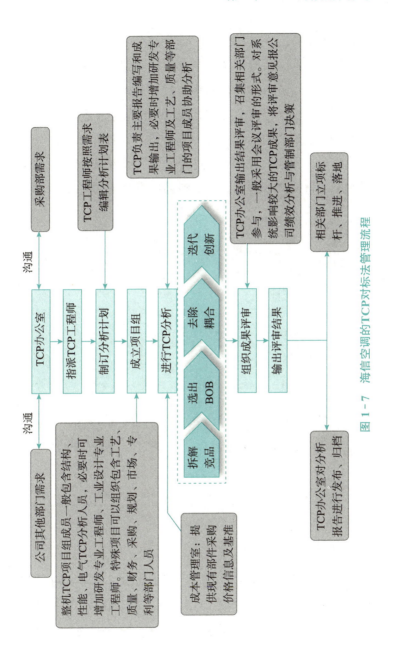

图 1-7　海信空调的 TCP 对标法管理流程

外，根据需求还有相关研发人员、成本工程师的全程参与。接着，购买目标样机，收集有关信息并进行拆解。在这个过程中，对于海信空调不太了解的样机或零部件，TCP 项目组成员会与专业的合作伙伴就竞品涵盖的 BOM 成本与制造费用的细分部分一同拆解，并计算出各部分的理论成本，即应该成本，通过建立零件价格模型，分析零部件采购价格的合理性。拆解竞品成果表示例见表 1-2。

表 1-2　拆解竞品成果表示例　　　　　单位：元

	项目	竞争对手 A	竞争对手 B	竞争对手 C	海信
BOM	压缩机	254	228	260	246
	制冷系统	362	404	350	374
	换热器	151	120	142	125
	控制器	208	200	167	175
	包装	32	40	53	30
	结构架	124	108	130	147
	⋮	⋮	⋮	⋮	⋮
制造费用	标准工时	50	37	53	42
	⋮	⋮	⋮	⋮	⋮
总成本		1 448	1 395	1 404	1 395

2. 选出 BOB

在对竞品进行细化拆解后，TCP 办公室对各单项目进行横向对比，得出各单项 BOB，每一项目的 BOB 是各竞品中该项目的最小值，见表 1-3 中的最后一列。一般来说，企业往往关注总成本 BOB，即表 1 - 3 最后一列的数据 1 395。但这其实并不是最优的成本，海信空调通过使用 TCP 对标法优中选优，将各单项 BOB 加总形成最理想的目标总成本，即表 1 - 3 最后一列的数据 1 298。

表 1 - 3　选出 BOB 成果表示例　　　　单位：元

	项目	竞争对手A	竞争对手B	竞争对手C	海信	BOB
BOM	压缩机	254	228	260	246	228
	制冷系统	362	404	350	374	350
	换热器	151	120	142	125	120
	控制器	208	200	167	175	167
	包装	32	40	53	30	30
	结构架	124	108	130	147	124
	⋮	⋮	⋮	⋮	⋮	⋮
制造费用	标准工时	50	37	53	42	37
	⋮	⋮	⋮	⋮	⋮	⋮
总成本		1 448	1 395	1 404	1 405	1 395
单项 BOB 加总（目标总成本）						1 298

3. 去除耦合

根据第二步选取 BOB 的过程可知，各单项 BOB 都是企业实际中可实现的，然而最终所有单项 BOB 加总所得的目标总成本却可能无法实现，原因在于各单项之间可能存在"耦合"，即某一个项目选取该单项 BOB 的方案去实现，降低了成本，但另一个单项的成本会随之上升。因此，海信空调通过技术创新或工艺流程创新寻求去耦合方法，以实现整机成本尽可能优化的目标。比如，改进某一部件的工艺、将两个部件组件化等，可以抵消部分耦合，尽可能地趋近目标总成本。根据海信空调的经验，经过以上三步通常可以实现降本 20%。

4. 迭代创新

根据以上三步，TCP 办公室针对该项目可以提出一个流程方案，分为采购类、设计类、质量工艺类等，该方案需要通过评审会审核方可执行。评审会由相关一级部门领导及质量部门人员等组成，通过谨慎地预研和分析，对流程方案的可行性进行评估。

待流程方案投入实践后，TCP 对标并未终止。海信空调会通过技术创新实现再降成本的更高目标，具体而言，会参考其他行业可以借鉴的地方。比如，将冰箱发泡技术运用到空调，进行轻量化改造设计以节省安装搬运费等。根据海信空调的经验，经过这样迭代的创新，还可以降本 10%左右。

1.4 关键步骤

本部分我们梳理了 TCP 项目实施的关键步骤（见图 1-8），下面将对各个步骤进行具体介绍。

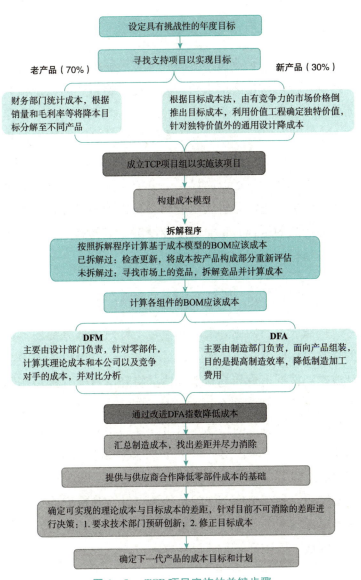

图 1 - 8　TCP 项目实施的关键步骤

1. 设定具有挑战性的年度目标

一般而言，企业每年对同一类型产品的价格会设有一个降幅，但同时也会推出新产品，通过给新产品设定较高的价格来提高平均售价。假设企业某一类型的产品，今年有 30％是新产品，剩余 70％是老产品，如果维持产品成本不变，那么企业今年该类产品的收益就会很差。所以，企业需要每年针对老产品设定一个成本降低的目标，而对新产品则更注重产品价值以达到提升售价的目标，通过这种新旧产品的组合，企业最终会设定一个具有挑战性的年度降本目标。

2. 寻找支持项目以实现目标

按照成本的构成分解降本目标，针对各部分提出具体的降本目标要求。一般而言，对于老产品，由财务部门统计成本，根据销量和毛利率等情况将降本目标分解至不同产品，细化到制定每个机型的成本目标。而对于新产品，则从未来市场竞争的角度，由市场部门预测该产品未来一两年在市场上具有竞争力的价格，然后依据目标成本法，在保有一定利润的基础上设定成本目标，最后采用价值工程确定该产品在市场上的独特价值，针对独特价值部分一般不降低其相关成本，但对独特价值以外的通用设计部分进行降成本以实现新品的目标成本。

3. 成立 TCP 项目组以实施该项目

企业专门成立 TCP 项目组以实现成本降低的目标。项目组中的人员一般来自产品、研发、采购、成本、质量和工艺等部门。

4. 构建成本模型

通过优中选优的思想，选择最佳技术、最佳成本设计、最佳质量和材料使用、最佳零部件谈判价格、最佳成本转换机会，从而指导产品设计，构建成本模型。

5. 按照拆解程序计算基于成本模型的 BOM 应该成本

对于已拆解过的产品，在拆解的基础上重新检查是否有需要更新的地方，将成本按构成重新评估。对于未拆解过的产品，从市场上找到竞品，对其进行拆解，进而完成成本计算工作。

6. 计算各组件的 BOM 应该成本

精细计算每个组件的 BOM 应该成本，例如针对拆卸式压缩机，计算其各零件的最优成本，最后获得该压缩机组件的 BOM 应该成本。

7. 通过 DFM 和 DFA 模型计算单位应该成本

DFM 主要由设计部门负责，针对拆解完的零部件，计算其理论成本和本公司以及竞争对手的成本，并对比分析。如果时间充裕还可以对每个零部件都进行类似的计算，如果时间不充裕就选取比较重要的零部件，例如对能达成降本目标 80%～90% 的零部件进行计算。该部分的重点是通过改进产品设计，降低产品成本。DFA 则主要由制造部门负责，面向产品组装，目的是提高制造效率，降低制造加工费用。

8. 通过改进 DFA 指数降低成本

这里把 DFA 指数定义为理论最佳装配时间除以实际装配时间。现代企业对制造和组装的要求越来越高，针对新品通常会设置一个 DFA 指数标准，通过减少零部件数量，缩短组装时间，减少生产线上的员工数量，最大程度实现自动化，达成该目标。

9. 汇总制造成本，找出差距并尽力消除

汇总产品的制造成本，与市场上的其他竞品进行对比，做成矩阵模型。首先统计该类产品由多少种零部件组成，根据专业方向划分零部件，在每个专业方向的零部件中发现竞争对手的优点，同时对标计算应该成本，从而发现成本差距，并尽力消除。

例如，通过计算应该成本，分析得出某一零部件的采购单价是 20 元，而企业的实际采购价格是 30 元，那么这个差价 10 元就交由 TCP 项目组中负责采购的工作人员去和供应商议价。涉及产品设计部分的对标，比如竞品的零

部件比海信少，集成度高，模块化强，则交给设计部门来
想办法。

10. 提供与供应商合作降低零部件成本的基础

新产品完成 DFA 流程后会得出新产品各零部件的应
该成本，这时采购部门要先和供应商谈判，在新产品上市
之前就把价格锁定下来，而不是在上市以后再去谈价格。
这一环节不是针对单独的供应商，而是通过在供应商中进
行招投标来选取做得更好、设计方案更优的供应商。依托
应该成本让采购人员尽量压低零部件采购价格，通过寻找
设计中的 BOB 来进一步优化零部件设计的成本和效率。
在整个过程中都要和主要供应商讨论如何达成降本目标，
将成本管理流程延伸到供应商，而供应商也可按照同样的
方法来降低自身的产品成本，具体做法将在第 3 章进行
介绍。

11. 确定可实现的理论成本与目标成本的差距，针对目前不可消除的差距进行决策

如果通过分析，发现可实现的理论成本仍然达不到前
期设定的目标成本，那么企业将面临两个决策：一是要求
技术部门开展预研工作，主动进行技术创新，解决存在的
成本差距，并进一步挑战更低的目标成本；二是如果当年
设定的目标成本确实无法实现，就要修正这一类型产品的
目标成本。通过这个过程，可以验证设定的成本目标是否
可行，对目标进一步修正，最后形成一个比较合理的目标

成本，使其既有一定的挑战性，又可以基于现有技术实现。

12. 确定下一代产品的成本目标和计划

基于 DFA 指数和 BOB 要求，设定成本目标，指导下一代产品的设计并规划可行的解决方案。

◆ 管理理论方法

目标成本管理

1. 目标成本管理的含义

海信空调 TCP 对标法的核心理论基础是目标成本管理。目标成本管理指根据市场价格与企业期望利润确定目标成本，并在产品规划和开发阶段，通过价值工程等方法进行成本管理，从而实现目标成本。目标成本管理通过合理应用产品全生命周期内可行的成本控制方法，由各部门通力配合，实现全生命周期内产品总成本的降低，同时确保产品质量可靠并满足客户的需求。一般而言，目标成本管理自产品的研发设计阶段开始，全过程优化成本，以实现最终的产品目标成本。

与传统成本管理方法不同的是，目标成本管理先确定产品的目标售价和目标利润，得出目标成本后再进行产品的研发设计和生产销售，着重于产品成本的事前控制。通常，产品成本的80％由研发设计决定①，所以目标成本管理尤其注重产品的研发设计。同时，目标成本的实现需要依赖全过程和全员成本管理，即在产品的研发设计、材料采购、生产制造、销售推广和售后服务整个过程中都注重对成本的管控。企业是由一个个员工构成的，企业目标的实现需要每一位员工的努力，上到高级管理人员，下到一线操作工人，只有全员都参与到降低成本的任务中并被赋予一定的责任和义务，才能确保在上述流程中实现目标成本，目标成本管理才会取得预期效果。

2. 目标成本管理的特征

(1) 以人为本的现代成本管理

人是进行管理活动的主体，只有充分发挥人的积极性才能使管理合理高效。以人为本是贯穿目标成本管理全过程最重要的特征之一。

(2) 以市场为导向的成本管理模式

买方市场特征及信息化的发展，增加了企业面临的市场不确定性风险。目标成本管理以市场价格为上限，谋求成本降低，为利润上升提供支持。

(3) 注重设计阶段的成本控制

目标成本管理认为在产品设计阶段就决定了产品生命周期60％～80％的成本。因而它将成本控制从传统的事

---

① 范松林，李国平，吕坚 . 宝钢精益成本管理应用案例研究 . 科研管理，2006（2）：89 - 94.

中、事后控制向前延伸到事前，要求企业必须事先科学预测成本并进行可行性研究，制定出合理的目标成本并以此为基础进行成本决策，预先考虑成本变动趋势，采取预防性措施。

(4) 全生命周期成本控制规划

不同于传统成本管理注重产品制造过程中的成本核算和管理，目标成本管理通过对顾客需求的研究、产品设计、跨职能团队参与等方法，对产品从设计到营销服务的整个生命周期的成本进行规划，以达到成本最小化。

(5) 运用多种方法进行成本控制和改进

目标成本管理不仅注重产品设计阶段的成本规划，还关注生产过程中的变革。它可将多种成本管理方法综合运用，保证目标成本的实现。各种方法的综合运用主要体现为：首先，根据企业实际情况，目标成本管理可以与全面成本管理、定额成本管理、标准成本管理等方法相结合；其次，引进经济数学模型，实现目标成本的定量化；最后，应用电子计算机技术，建立成本信息反馈系统，使目标成本管理手段现代化。

3. 目标成本管理的适用行业

实施目标成本管理的根本目的是帮助企业设计与开发有市场潜力的新产品，或者对原有产品的功能或性质进行重新设计，使之更具市场竞争力，其关键在于事前控制。该方法比较适用于制造业（如汽车、精密机械、电器制造业等），这些行业可以较为容易地按照市场信息来改变产品设计，而不需要另起炉灶。另外，高科技行业和项目制造业也适用目标成本管理，因为高科技行业降低成本主要依靠技术创新，项目制造业对产品开发设计阶段的成本控制弹性较大，这些特点都与目标成本管理相适应。

4. 目标成本管理的前提条件

（1）外部环境

企业应用目标成本管理的前提之一是处于比较成熟的买方市场，且产品在外观、性能、价值等方面具有多样性。在卖方市场，供小于求，企业占主导地位，可以通过提高售价获得更多的利润，企业此时无须花费较大的力气进行成本管控。而在买方市场，供大于求，消费者占主导地位，为了抢占市场，企业之间竞争非常激烈，产品的售价已不再是企业能够自行决定的，企业能够做的就是管控成本。产品呈现出多样性，企业可以重新设计产品的功能、外观以满足不同客户的需求。

（2）内部环境

1）具有健全的成本管理制度。企业进行成本管控的前提是具有健全的成本管理制度，能够明确各部门的职责和成本核算原则，具有规范化的成本管理流程，可以充分利用现代信息技术，及时、准确地获取与成本有关的财务和非财务信息。

2）以顾客为导向，努力创造和提升顾客价值。产品的价值体现在顾客的购买和使用，只有产品的功能和特性满足顾客的需求，顾客才会为此买单。因此，企业首先应该定位顾客群体，通过顾客需求调查了解其对产品质量、外观、功能等的要求，并以此引导成本分析。

3）以成本降低或成本优化为主要手段，谋求成本优势。产品的成本大部分是由研发设计阶段决定的，目标成本管理从产品研发设计阶段开始即进行成本管控，可以及时改进或重新设计产品工艺流程，通过严格把控各环节的成本，获取成本优势。

4）成立跨部门团队。企业在进行目标成本的制定、分解、实施和考核之前，需要成立由企业各部门组成的跨部门团队。目标成本管理的实施需要各部门进行频繁的沟通，成立跨部门团队可以及时下达指令，有利于汇集目标成本制定所需的信息、科学合理地分解目标成本、高效有序地开展工作，从而缩短产品面向市场的时间。

5）能够及时、准确获得所需的各种信息。目标成本的制定需要市场部提供的竞争对手信息、市场信息，需要销售部门提供的产品分销方式等信息，需要生产部门提供的产品工艺、生产流程等技术信息，需要财务部门提供的产品成本构成等财务信息。如果有数据无法及时、准确获得，就会影响目标成本的制定，延长产品上市时间，甚至无法设计出符合需求的产品。

5. 目标成本管理的具体应用流程

首先，在产品开发阶段，目标成本管理为企业设定产品成本目标，确保产品在设计阶段就考虑到成本因素，从而降低生产成本。而在生产管理中，通过本方法设定生产成本目标和持续监控实际成本，企业可以及时调整生产计划和成本控制措施，提高生产效率和降低成本。

其次，当企业进行销售与市场营销时，目标成本管理方法应用于营销活动中，可帮助企业设定销售目标和成本目标，确保销售活动的成本控制在可接受范围内。

再次，在项目管理中，目标成本管理可帮助项目团队设定项目成本目标，并通过监控项目实际成本与目标成本的差异来及时调整项目进度和资源分配。

最后，在绩效评估时，该方法可通过比较实际成本与目标成本的差异来评估部门或个人的绩效，激励员工控制成本并提高效率。

目标成本管理通过设定合理的目标和持续监控实际成本，可以帮助组织提高成本控制能力，实现更有效的资源利用和业务运营。在不同领域和不同阶段的应用中，目标成本管理都可以发挥重要作用，帮助组织实现成本控制、提高效率和盈利能力。

◆ **企业管理实践**

海信空调的目标成本管理

海信空调采用的 TCP 对标法是基于目标成本管理理论的一项创新性成本管理实践。在该方法的指导下，海信空调在新产品开发阶段就根据市场部门确定的具有竞争力的价格设定理想的目标成本。随后，TCP 团队在产品设计开发初期，就通过拆解竞品、建立零件价格模型、横向对比、优中选优，去除耦合，计算最理想的产品成本并据此提出成本优化方案，指导整个产品生命周期内的成本管理，并在此过程中不断修正目标成本，最终确定可实现的理想目标成本。同时，TCP 指导研发部门进行定向的技术预研工作，通过迭代创新，不断使产品成本向理想的目标成本靠拢，甚至超越理想的目标成本。

依托目标成本管理理论的 TCP 对标法适用于处于激烈市场竞争中的制造业企业，同时对处于类似情景中的企业的成本管理活动具有一定的启示。

第 2 章
TCP 对标法全面实施过程

一种创新性的管理方法的全面推行并不是一蹴而就的，本章将分三个阶段介绍海信空调全面应用 TCP 对标法的过程，每一阶段在 TCP 的用途、具体做法和取得的成效，以及企业组织结构设置、团队成员构成、激励方式、实施流程和管理方案上均有所不同。表 2-1 进行了简要的汇总和比较，具体实施情况详见各节内容。

表 2-1　海信空调 TCP 实施过程对比

对比内容	引入阶段	推广阶段	全面实施阶段
TCP 的用途	满足降本要求	实现成本领先	获得竞争优势
具体做法	利用 TCP 对标法发现自身产品与竞品的成本差距，并解决这些问题	在二级机构成立研发中心，将 TCP 前置到新产品开发过程中，成本管理与技术预研相结合	在全价值链的各个环节应用 TCP 对标法，将成本管理与产品设计、技术创新、工艺优化、供应商管理和客户管理相结合

续表

对比内容	引入阶段	推广阶段	全面实施阶段
取得的成效	掌握了 TCP 对标法的使用方法，并形成了符合自身经营特点的 TCP 对标法应用流程	依靠 TCP 对标法在海内外市场上实现了赶超，并保持一定的成本领先	依靠具有自身特色的在全价值链应用的 TCP 对标法，建立了独特的竞争优势
组织结构设置	抽调相关人员成立 TCP 工作组	正式设立 TCP 办公室，归入产品管理部门	将 TCP 办公室归入全球产品经理部，全面参与海信集团的各类产品管理
团队成员构成	主要来自研发和工艺部门	扩大成员范围，增加了工艺、质量、财务、采购、规划、市场、研发等相关部门的员工	
激励方式	以奖金激励为主，设有 TCP 创意奖和项目成果奖	纳入企业常规激励体系，将其视为企业正常工作的一部分	
实施流程	1. 针对拟降本的产品成立项目组 2. 项目组实施拆解和对标工作 3. 针对成本差距，提出改进创意 4. 评估创意 5. 确定创意可行后转交研发部门实施	增设年度降本目标，在该目标的指导下分解各产品的降本目标，再由 TCP 办公室统一负责	增设信息系统进行流程管控

续表

对比内容	引入阶段	推广阶段	全面实施阶段
管理方案	1. 转交研发部门前，TCP 项目组为主要管理机构 2. 转交研发部门后，视同正常研发项目，由研发部门统一管理	由项目制管理转变为日常管理，由 TCP 办公室统一负责	

2.1　引入 TCP 对标法，找问题消差距

2006 年海信空调为发展国际市场，收购了科龙电器。但是收购后，两家公司因技术基础存在根本性差异，海信和科龙空调技术团队又都各不相让而无法融合，导致分线生产管理难度大、成本高，更重要的是干扰和阻碍了空调产品的技术创新。

面对市场竞争对手带来的降本重压，海信空调的产品设计部通过变薄钣金、缩短铜管等方式降低原材料消耗，以牺牲产品质量为代价的降本手段直接导致海信空调质量问题频发，口碑下滑。销售部为完成业绩，也以低价策略让利经销商进行销售。如此反复，海信空调陷入了经营困境，错过了国内空调市场发展的黄金期，也拖累了国际市场的拓展，仅 2008 年一年就亏损将近 4 亿元。

此时，海信空调在国际市场上的最大客户惠而浦要求

海信空调每年降低生产成本 5％，否则便取消合作。当时的空调生产几乎看不到降本的空间，在与惠而浦多次协商洽谈后，海信空调决定引入惠而浦推荐的 TCP 对标法，双方成立联合项目组对产品展开降本研发。

2008 年末，海信空调在惠而浦两个专家的指导下从研发和工艺部门抽调人员成立一个专门的项目小组，叫做 TCP 工作组。这两位专家作为支持人员，负责培训、指导员工并且共同承担与惠而浦相关的项目，惠而浦以外的项目则由海信空调的 TCP 工作组独立完成。TCP 对标法正式被引入海信空调的管理工作中。

这一阶段，公司还没有整体的降本目标，只是针对迫切需要降本的产品有一个降本目标，之后就开始组织成立具体的 TCP 项目组，对竞品进行拆解、细化和对标，同时邀请外部企业或供应商共同参与讨论会，进行头脑风暴，针对如何改进产品、降低成本提出创意，创意提出后由公司进行评估，确定创意可行后将任务转给研发部门。研发部门再成立专门的 TCP 项目小组，一般情况下由原来的项目组开发人员参与，这些人员对产品设计和工艺更熟悉，研发效率更高，接下来就按照步骤走正常的产品研发流程。

这一阶段的管理方式，在转入研发部门之前类似于项目制，由一个跨职能的小组负责；在提出创意并完成评估，转入研发部门后，则与企业的日常研发项目相同，组织形式也一样，视为一种派生式的开发。

这一阶段海信空调采取的员工激励方式是较为简单的

物质激励。一般分为两种情况：一种是员工在参与对标分析的过程中提出了很多预期能够降低成本的创意，若创意经过评估后确定切实可行，将授予员工 TCP 创意奖；另一种是对全程参与了 TCP 项目实施的员工，颁发 TCP 项目奖。

2009 年海信空调与 W 公司联合成立的 TCP 项目团队合作分析了其在巴西市场上推出的 B 公司 12K、L 公司 12K、E 公司 12K、S 公司 12K 共计 4 款巴西 A 级能效产品（见表 2-2）。对标分析的结果显示海信空调的制冷能力和能效均具有优势。经过整个分析过程，联合 TCP 项目团队还实现了 B 公司 12K 产品设计成本降低 6% 的目标，满足了 W 公司提出的降本要求。

表 2-2　海信空调在巴西市场的产品图及其竞品

品牌	B	L	E	S
基本信息				
型号	AS-12HR2FTVTE	TS-H12LBA1	SE/SH12R	4ZLUQA01251LC
类型	HIWALL-热泵	HIWALL-热泵	HIWALL-热泵	MAXIFLEX-热泵
冷却能力（BTU/小时）	12 000	12 000	12 000	12 000
压缩机	旋转式	旋转式	旋转式	旋转式
尺寸（毫米）				
室内机（W×H×D）	820×270×215	888×287×174	815×282×217	790×265×195
室外机（W×H×D）	715×482×240	770×540×245	760×990×285	443×563×370

续表

品牌	B	L	E	S
电力参数				
电源供应 (伏特/赫兹)	220, 60	220, 60	220, 60	220, 60
功能				
快速制冷	是	是	是	是
睡眠功能	是	是	是	是
柔软干燥	否	是	否	否
节能	是	是	否	是
除湿	是	是	是	是
过滤器				
类型	普通过滤器	抗菌过滤器	尼龙、活性炭和高效空气过滤器	静电过滤器
净重（千克）				
室内	10	9	10.5	9
室外	32	33	41.5	23
性能				
能效比 (BTU/小时/瓦)	10.06	10.08	10.09	10.27
制冷剂	R-22	R-22	R-22	R-22

在引入初期，海信空调掌握了 TCP 对标法的使用方法，并形成了符合自身经营特点的 TCP 对标法应用流程。

2.2　推广 TCP 对标法，保持一点领先

TCP 对标法的引入为海信空调降低成本指明了方向，提供了可行的方法，但使 TCP 对标法进一步得到海信空调管理层认可并决心推广，还要从另一件事上说起。

受 TCP 对标法的启发，时任海信空调副总的王志刚博士从用户、产品、技术等维度与竞争对手进行对标，提出解决海信空调经营困境的突破口是技术创新，也就是说海信空调研发团队以往多采用的模仿竞争对手的策略，创新突破不足，使得推出的新产品性能落后，缺乏竞争力，只能通过低价吸引客户。

凭借多年的研发经验，王志刚发现目前空调产品设计中的传热系统是存在技术瓶颈的，于是决定对传热系统的关键零部件翅片进行技术创新。王志刚在对翅片进行竞品分析时发现，由于过去研发思维存在偏差，海信空调使用的翅片受到忽视而远远落后于同行先进水平，于是他创造性地提出对翅片进行技术升级以提高空调的传热系数。2009 年 10 月，王志刚抽调了部分开发人员成立翅片攻关小组。

翅片攻关小组首先对日本和国内主要品牌的换热器进行了传热系数的测试，发现国内品牌和日本品牌在强化换热技术方面差距巨大，国内品牌的传热系数值比其他企业低 30％以上。随后在西安交大专业老师的指导下，翅片攻关小组又开发了换热器的仿真软件，利用该

软件可以进行不同片型的比较，小组设计了 20 多种片型，经过比较确定了两种片型，分别用于室内机和室外机，达到了理论效果。为了使实际效果接近理论效果，攻关小组做了一个简易模型，手工做了一个换热器，测试结果让人看到了成功的希望。

最后，王志刚说服了海信空调平度工厂的总经理利用这套模具尝试做出新的翅片，试验结果完全达到了理论效果。海信空调的新一代翅片就此诞生，换热器换热效率得到提升。翅片的成功开发极大鼓舞了研发团队的信心。TCP 对标法的迁移应用也使海信空调的技术研发转变了思维、拓展了方向。这进一步使海信空调的管理层看到了 TCP 对标法的价值，并决心将这一管理方法推广到企业运营的各个环节。

在推广阶段，海信空调将 TCP 小组划分到产品管理部门，并成立 TCP 办公室，目的有两个，一是将 TCP 对标法前置到新产品的开发过程中，在产品设计阶段就尽可能设定合理的目标成本；二是希望技术预研部门能够及早地参与到目标成本达成的过程中，尽可能实现成本领先。这一阶段的主要变化就是前置，将 TCP 对标法作为产品开发中必要的一个环节前推到设计端，在项目实施过程中以 TCP 小组作为牵引，逐步使 TCP 对标法成为一种标准化的管理流程。

在组织结构上，海信空调将预研与研发拆分，总部只保留预研中心，在二级单位成立专门的研发中心。TCP 办公室与生产、销售、采购、研发等部门沟通需求，指派

TCP 工程师按需制订分析计划表，然后成立课题组，课题组成员一般包含结构、性能和 TCP 分析人员，必要时可增加研发专业工程师、工业设计专业工程师，特殊项目也会包含工艺、质量、财务、采购、规划、市场、专利等部门人员。

这里需要说明一下，TCP 办公室成员的扩充主要有以下考虑。

第一，对于类似于海信空调的家电制造企业，TCP 对标法的使用需要依托大量与产品工艺相关的数据信息，但研发人员对工艺流程并不清楚，因此后续有工艺人员加入 TCP 团队。同时，由于产品最终需要在工厂落地生产，因此 TCP 团队成员也会由最初的核心小组扩大至外围。为了提高落地效果，在工厂端更高效地将研发成果体现出来，需要让工厂人员也加入 TCP 团队，由该类小组成员来推动产品生产落地措施，在工厂端实现产品设计转化为产品。例如，工厂是由生产计划来指挥的，所以排产的时候要充分考虑企业库存情况，尽可能将上期原材料在新设计中消耗掉，降低成本消耗库存，尽快取得收益，此时就需要工厂端人员参与其中。

第二，TCP 对标分析项目需要对竞品进行拆解分析并学习效仿，在这个过程中，难免会涉及与产品设计研发相关的专利问题，针对这些问题，海信空调设立了专门的知识产权部门，在产品开发之初，该部门就会对专利进行检索与布局，并开展专利规避的相关工作；而在 TCP 对标分析过程中，该部门的专利工程师会参与到项目组中，有针对性地识别出可能的专利关键点，评估相关知识产权风险，并提出相应对策。表 2-3 展示了海信各 TCP 团队的构成及成员介绍。

表 2-3 海信各 TCP 团队的构成及成员介绍

姓名	介绍
美国团队	
Tim Campbell	主任工程师，负责 DFMA 与传统 TCP 以及六西格玛认证
Dewitt D. Rollins	高级工程师，负责传统 TCP 和六西格玛认证
David M. Gaines	产品工程师，负责传统 TCP
巴西团队	
Yasser Mohamed	主任工程师，负责工艺优化和六西格玛认证
深圳团队	
Feng Yuan	高级经理，负责精益与传统 TCP 以及六西格玛培训
Jim Huang	高级工程师，负责传统 TCP 和六西格玛培训
Gavin Zhang	项目工程师，负责 DFM 和六西格玛培训
Justin Zhang	项目工程师，负责 DFA/报告
Doug Xu	项目经理，惠而浦（深圳）
顺德团队	
Zheng Xuelt-Jovill	研发副总监，团队负责人，在深圳技术中心接受 DFMA 培训
John Yang	冷却系统工程师，团队负责人，在深圳技术中心接受 DFM 培训
Opto Che	电气工程师，在深圳技术中心接受 DFM 培训
Jackie Ren	结构工程师，在深圳技术中心接受 DFM 培训

续表

姓名	介绍
Bruce Liao	密封系统工程师，负责 DFN/测试
Ronsha Ren	电气工程师，负责 DFM，在深圳技术中心接受 DFA 培训
Matt Xu	结构工程师，在深圳技术中心接受 DFA 培训
Ray Shen	密封系统工程师，在深圳技术中心接受 DFA 培训

在流程上，公司会设定一个整体的年度降本目标，然后细分到各个产品上，再由课题组成员进行 TCP 分析，根据财务部门提供的零部件采购信息，拆解多个竞品，选出总成本最优的零部件组合方案，即优中选优。然而不同竞品的零部件难以完全契合，因此随后由研发部门对于难以契合的部分有针对性地进行设计改良和技术研发，并通过不断的技术突破进行迭代创新，保持产品技术的领先性。之后，TCP 办公室组织成果评审，一般采用会议的形式召集相关部门参与，对影响较大的成果，TCP 办公室会将评审意见报公司绩效分析与管制部门决策。最后，方案经评审会审核后输出评审结果，投入应用，实现技术迭代创新。整个流程统一由 TCP 办公室负责。

这一阶段，海信空调的激励体系也有了相应变化。将 TCP 项目相关的激励纳入公司正常的奖金范畴，成为公司激励体系的一部分，同时纳入业绩考核体系。

2017 年底商用空调 TCP 项目组成立，意味着海信空调将 TCP 对标法全面推广到各个产品线。整体而言，相比于引入阶段，在推广阶段，TCP 对标法的应用由原来项目组式的临时管理转变为更规范的日常管理，但凡企业计划推出新产品就要走这个流程。经历了这个阶段，海信空调与竞争对手的成本差距基本消除，在市场上实现了赶超，并保持技术领先。

2.3　全价值链应用 TCP 对标法，获得竞争优势

自 2020 年起，海信空调在全价值链上应用 TCP 对标法，将 TCP 办公室正式归属于全球产品经理部，目的是在全球市场中帮助企业满足各地客户差异性需求的同时降本增效实现目标成本。

图 2-1 展示了海信空调价值链的各个环节。海信空调的价值链包括外部上游价值链、内部价值链和外部下游价值链。内部价值链主要包含研发设计、采购、生产制造、销售和售后服务五大环节。从图中可以发现，海信空调的价值链具备四个特点：

（1）海信空调强调产品的全生命周期管理，研发设计环节是内部价值链上最为重要的一环。

（2）海信空调的研发设计环节和采购环节共同与外部上游价值链相连接。

（3）海信空调的销售与售后服务环节同时与外部下游价值链紧密相连。

（4）海信空调的销售与售后服务环节和研发设计环节相联系，形成内部价值链闭环。

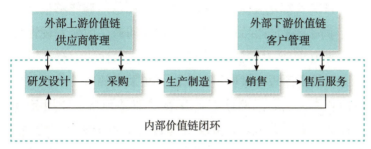

图 2 - 1　海信空调的价值链

海信空调在将 TCP 对标法应用于产品研发设计环节发挥作用的同时，进一步将 TCP 对标法的管理思想拓展到采购、生产制造和销售及售后服务环节，具体的应用方法和实践成效将在本书的第 3～6 章详细介绍。

这一阶段在保持人员结构、激励方法、管理方式基本不变的情况下，海信空调依靠信息系统，进一步强化了项目实施流程。海信空调部署了一个标杆管理系统，对整个 TCP 项目实施过程进行管理和监控。信息化的管理方式使得流程透明，流程节点在系统中清晰可见，对员工也更为公平，谁参加了项目，谁的贡献多少一目了然。同时，无纸化办公减少了员工沟通成本，提高了企业的管理效率。例如，原来是利用一次性的 Excel 表计算个人绩效，现在是直接计入体系，将数据纳入体系中运转，在年终依靠信息化管理系统里的数据计算出个人绩效，这些内容也会在绩效指标里呈现，实现了管理方式 IT 化。这一阶段海信空调保持核心管理理念不变，利用信息化管控手段，优化和提升了项目实施效率。

TCP 对标法在全价值链应用后，海信空调能够根据市场竞争需要确定产品目标成本，在前期产品的研发设计环节就使用 TCP 对标法提高新产品的技术性能，有针对性地进行技术预研，保持领先地位。在采购环节，主要与供应商合作，建立战略联盟，开展零部件预研，使用 TCP 对标法控制采购成本，并保障零部件的性能和质量领先。在生产制造环节，海信空调基于 TCP 对标法改进生产流程，提高生产效率。在销售和售后服务环节，海信空调及时发现国际市场用户的差异性需求，迅速做出反应，提高产品的市场竞争力。

近年来，海信空调的国际化进程不断加快。2021 年 5 月 31 日，海信家电完成对日本三电控股株式会社（简称日本三电）的收购，正式成为日本三电的控股股东。海信家电在公告中透露：当前汽车正向"电动化""智能化""网联化""共享化"方向发展，新能源汽车热泵空调及电池快充技术迅速普及。日本三电作为全球领先的汽车空调压缩机和汽车空调系统一级制造供应商，在全球有较高的品牌知名度，车载空调压缩机 2019 年全球销量排名第二，其开发的新一代电动压缩机、综合热管理系统和汽车空调产品在新能源汽车上得到大量应用。本次交易完成后，海信家电将以日本三电为核心公司拓展汽车空调压缩机和汽车空调产业，实现本公司产业拓展。更令人振奋的是，2022 年海信家电在收购日本三电后依托 TCP 对标法就已经实现了近 20％的产品成本降低，大大提高了新产品在汽车空调市场上的竞争力。本书在第 7 章会详细介绍 TCP 对标法在汽车空调领域的应用。

多年来，海信空调对 TCP 对标法进行了改进和创新，形成了具有自身特色的全价值链应用的 TCP 对标管理方法，并在员工中长期贯彻 TCP 对标法的管理理念，形成企业文化，帮助企业时时事事进行对标，选择总成本最优的方案，不断寻找降本点，突破成本极限。现阶段的 TCP 对标法已经演变为符合海信空调经营管理特点的、全价值链的、技术创新与目标管理相结合的成本管理方法。

2. 4　成功心法

TCP 对标法作为一项管理创新在海信空调乃至海信家电的成功实施和推广是十分不易的，下面总结了其成功的几个关键因素。

1. 以点及面，"试点式"推广实施

海信空调在最初尝试 TCP 对标法时，以与惠而浦合作的产品为试点，从见效最直接的制造环节入手，开始学习应用该方法。在试点产品取得成效后，海信空调将该方法应用于自有产品，并且逐步延伸至产品的研发环节和采购环节。在取得显著的降本成效和技术突破后，海信空调在进军海外市场时，将该方法应用于销售环节。至此，海信空调在全价值链上推广了 TCP 对标法。可见，对于一

项管理创新，海信空调所采用的"试点式"推广法易于得到部门管理者的认可，TCP 对标法最终全面实施的成功与之密不可分。

2. 不断调整，"探索式"创新前进

海信空调最初向惠而浦学习引入了 TCP 对标法，但并未止步于此，而是在自身的实践中，根据管理需要和业务特点逐步探索改进该方法，最终形成了贯穿全价值链的 TCP 对标法。此时的 TCP 对标法比惠而浦提出的 TCP 对标法更加丰富、多元，在海信空调价值链的不同环节扮演着不同的角色，发挥着不同的作用，真正成为符合海信空调管理需要和业务特点的一项管理创新。

3. 高层赋权，"系统式"贯彻落地

TCP 对标法最终的系统实施离不开海信空调的高层管理者在组织结构、管理方案和激励制度上的一系列安排。决定全面推广 TCP 对标法后，海信空调的高层管理者要求 TCP 办公室全面参与海信空调的各类产品管理，并对 TCP 办公室授予了充分的权力，助力其全面推广 TCP 对标法。此外，进一步规范了 TCP 对标法的使用流程和相应的管理方案，使其正式成为海信空调内部管理中的一环。

4. 标准内化，"全员式"参与共建

TCP 对标法在使用之初就要求各相关部门的人员参与

到项目组中，后期随着 TCP 对标法应用领域的扩展，参与的人员也越来越多。最终，TCP 对标法的管理理念渗透到各级员工的思想中，全员式参与使得 TCP 对标法从一种标准的管理制度内化为企业文化，促发全体员工主动参与到对标、降本、创新的管理活动中。

◆ 管理理论方法

全价值链成本管理

1. 全价值链成本管理的内涵

全价值链成本管理以价值链理论和成本管理理论为指导，以作业成本法为基础，以价值链分析和成本动因分析为手段，全面收集、分析及利用价值链上各个环节的成本信息以提高成本投入的有效性，优化企业价值链，降低企业价值链上各环节成本，从而提高核心企业及整个价值链的长期竞争优势①。运用全价值链成本管理可以提高企业乃至整个价值链战略联盟的运营效率和价值创造能力。

具体而言，全价值链成本管理包含两层含义：一是企业的成本管理要有利于价值链的构建和优化。这要求关注核心企业与价值链节点企业之间的联系，不仅要考虑核心企业自身的利益，而且要考虑价值链上节点企业如供应商、分销商等的利益。二是企业实施成本管理时要与价值链节点企业建立信息共享、风险共担、利益双赢的合作机制。

---

① Ward K. Strategic management accounting. London：Routledge，2012.

　　全价值链成本管理融合了价值链理论与成本管理理论，是一种包含战略战术、时间、空间的三维管理模式，如图 2-1 所示。在战略战术维度上，全价值链成本管理既在战略高度上考虑企业的成本，又在战术上深入作业层次，进行成本动因分析，消除不增值作业来降低成本，赢得竞争优势，提高企业竞争力①。在时间维度上，全价值链成本管理将实施全生命周期的成本管理，在产品的研发阶段进行成本的事前控制（即目标成本规划），在产品生产、销售配送乃至报废回收等阶段实行成本的持续改进。在空间维度上，全价值链成本管理将成本管理从企业内部价值链延伸到外部价值链，关注价值链上供应商、顾客及竞争对手情况，分析供应商价值链及其与企业内部价值链之间的联系，从而制定相应的成本管理战略和竞争战略，使企业在价值链中占据优势地位。

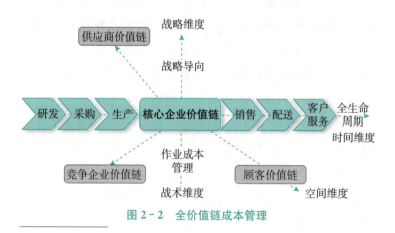

图 2-2　全价值链成本管理

①　周松. 成本管理新理念：价值链成本管理. 会计之友（中旬刊），2010（3）：42-43.

2. 全价值链成本管理遵循的原则

(1) 全面成本管理原则

在应用全价值链成本管理时，需坚持全员参与、全流程管理、全要素管控的原则，将事后管理转变为贯穿事前、事中、事后的成本管理，从而做到事前成本预测、事中成本控制和事后监督分析，符合全面成本管理思想。

(2) 总成本最低原则

全价值链成本管理的最终目的是增强企业的价值创造能力，提升企业的竞争力，而不是单纯地降低某项成本。在价值链管理过程中，应当拓展成本管理的空间和范围，将成本管理决策和控制向上提升到企业战略层面，向下深入到作业流程环节，向外延伸到供应商和客户，向内渗透到产品设计、工艺设计和制造过程等，找出成本管理的薄弱环节和不增值环节，并对这些环节进行优化，从而实现设计、工艺、采购、物流及生产等的总成本最低，使价值链上各成员均能从中受益。

(3) 全生命周期成本管控原则

全生命周期成本包括研究、设计、生产、销售、物流等过程中的成本，与全价值链成本管理中统筹考虑企业各价值链环节成本的思想相吻合。全生命周期成本管理将成本管理的范畴从生产环节转向价值链的各个环节，除了关注产品在生产过程中的制造成本，还要兼顾价值链其他各个环节的成本，分析成本动因，减少不增值环节，以实现产品全生命周期总成本最低[①]。

3. 全价值链成本管理的适用范围

全价值链成本管理的适用范围非常广泛，涵盖了整个企业的生产、销售、服务等各个环节。

(1) 采购与供应链管理

在采购与供应链管理方面，全价值链成本管理可以帮助企业全面了解从原材料采购到生产制造再到产品交付的整个流程所产生的成本。通过对供应商成本、物流成本、库存成本等方面的分析，企业可以优化采购策略，提高供应链效率，降低成本。

(2) 生产与制造

在生产与制造环节，全价值链成本管理可以帮助企业深入了解生产过程中的各个环节所产生的成本，包括直接材料成本、直接人工成本、制造费用等。通过成本驱动的管理，企业可以精准控制生产成本，提高生产效率，降低废品率，实现生产成本的优化。

(3) 销售与市场营销

在销售与市场营销方面，全价值链成本管理可以帮助企业了解销售渠道、市场推广、售后服务等环节所产生的成本。通过对销售渠道成本、市场推广成本、客户服务成本等的分析，企业可以优化销售策略，提高市场占有率，

---

① 温素彬，朱夏，李慧．价值链成本管理的解读与应用案例：价值链成本管理在 PZ 公司的应用．会计之友，2023（2）：147－152.

降低销售成本，提升销售效益。

(4) 服务与客户关系管理

在服务与客户关系管理方面，全价值链成本管理可以帮助企业了解服务流程中的成本，包括客户服务成本、售后服务成本等。通过对服务成本的管理和控制，企业可以提高客户满意度和客户忠诚度，降低服务成本，提升服务质量。

(5) 研发与创新

在研发与创新方面，全价值链成本管理可以帮助企业了解研发过程中的成本，包括研发人员成本、研发设备成本、研发项目成本等。通过对研发成本的管理和控制，企业可以提高创新效率，降低研发投入，实现研发成本的最优化。

(6) 管理与决策

在管理与决策方面，全价值链成本管理可以为企业提供全面的成本信息，帮助管理层做出更加科学的决策。通过对全价值链中各个环节的成本进行分析和比较，管理层可以制定更有效的战略规划，优化资源配置，提高企业整体绩效。

(7) 财务与会计

在财务与会计方面，全价值链成本管理可以为企业提供更加准确和全面的成本数据，帮助企业进行财务分析和决策。通过全面了解全价值链中各个环节的成本，企业可以更好地评估盈利能力、资金利用效率等财务指标，为财务决策提供支持。

(8) 战略规划与绩效评估

在战略规划与绩效评估方面，全价值链成本管理可以帮助企业制定更加有效的战略规划，并对绩效进行全面评估。通过对全价值链中各个环节的成本进行监控和管理，企业可以及时调整战略方向，提高绩效水平，实现长期可持续发展。

可见，全价值链成本管理的适用范围非常广泛，涵盖了企业的各个方面和各个环节。通过全面了解和管理全价值链中的成本，企业可以实现成本的最优化，提高效益，增强竞争力，实现可持续发展。因此，在当今激烈的市场竞争环境下，全价值链成本管理已经成为企业管理的重要工具，对企业的发展具有重要意义。

4. 企业实施全价值链成本管理应具备的条件

基于价值链的成本管理是适应企业新环境的有效管理方式。它将成本管理的范围从企业内部向整个价值链扩展，对降低企业成本、实现整个价值链价值增值最大化、提高企业的核心竞争能力具有重大的现实意义。企业实施全价值链成本管理需要具备一定的条件。

(1) 具有强大的信息系统

基于价值链的成本管理要求企业全面掌握价值链各个环节经济活动的内外部信息，为了使企业内部及价值链企业之间的信息更好地传递、收集及处理，减少企业面临的不确定性，企业必须利用区域网及互联网建立强大的信息系统。通常，企业是一个庞大的系统，信息在这个系统中的作用，就在于它是保持企业价值链内部协调有序、外部适应协调的指示信号。只有具备强大的信息系统，核心企业才能更好地与供应商、销售商建立良好的合作关系，实现信息的最大化共享，同时获得更多的外部公开信息，从而实现企业成本的有效控制。

(2) 具有完整的成本价值链业务流程

全价值链成本管理要求企业具备一套完整而连续，并满足企业需求模式、制约因素及效率目标的业务流程。如果企业没有完整的成本价值链业务流程，只有一条间断的价值链，那么以业务流程为物质基础的企业成本价值链就不可能贯穿企业生产经营的始终，导致通过价值链分析来降低企业成本的效果不显著[①]。

(3) 企业内部及企业之间协调一致

企业要有效地进行全价值链成本管理，首先要求企业内部各个部门相互协调一致，其次要求企业价值链上的各个环节相互协调，利用各个环节之间的联系来调整彼此的活动以相互适应，使企业价值链保持良好的联系与协调性，进而发挥协同效应，实现整个价值链的价值增值最大化。除此之外，核心企业还要与价值链上各节点企业相互协调及交流信息，充分利用价值链各节点企业的资源与优势，来调整整个价值链联盟，从而降低价值链联盟的成本，实现最大的价值

---

① 武朝荣 . 基于价值链理论的企业成本管理探讨 . 中国总会计师，2009（2）：74-75.

增值。

（4）具备高素质的人力资源和有效的激励机制

企业员工的素质是影响企业管理的主要因素，它决定了企业管理的效率与效果。全价值链成本管理需要分析各种跨部门、跨专业、跨层次的信息以及企业的外部信息，还需要完整开放的信息系统，如 ERP 管理系统、企业内部局域网等，因此它对企业员工提出了很高的要求，需要懂得现代管理方法的人员去进行价值链的成本管理，只有这样才能保证企业价值链成本管理的实施效果。因此，企业具备高素质的员工是实施价值链成本管理的基础[①]。企业不仅要吸纳优秀的管理人才，还应对员工进行培训，培养员工的管理意识。与此同时，企业还需具备相关的激励机制，充分调动员工的积极性，让全员参与价值链的管理，从而做到全方位、全员的管理，最终达到成本有效控制的目的。

5. 全价值链成本管理与作业成本法相结合

价值链成本管理的目标需要通过特有的管理方法和管理工具来实现。管理会计中的重要成本管理方法——作业成本法对优化生产流程和降低价值链成本有重要意义。价值链成本管理主要是对企业价值链层层分析，将成本管理分析的重点深入到作业各个层面，找到增值作业，消除不增值作业，把资源分配给增值作业，以提高作业效益和资

---

① 张鸣. 价值链管理理论研究与实证分析. 大连：东北财经大学出版社，2007.

源利用效益，降低企业成本，从而体现价值链管理优势。

传统成本核算使成本动因难以追溯，不能满足价值链分析对生产经营全过程的成本信息的需要。在价值链成本管理中，可以利用作业成本法将各业务单元分解为各项作业活动，以成本动因作为分摊及归集成本的基础，真正确立成本对象与成本耗费之间的因果联系，从而使成本信息更加完整、准确、恰当，并为企业价值链分析提供基础保障。利用作业成本法建立的基础实施价值链分析，可以简化企业价值链分析的实施程序。因为作业成本法的分析步骤为价值链的实施提供了基础，企业无须再为价值链的分析建立一套流程。价值链分析建立在作业成本法基础之上，价值链分析对企业作业成本管理、作业链的设定和成本动因的确定等都提出了更高的要求，使作业成本法具有更高的准确性。对成本的分摊或者耗费情况更加精确，对成本的使用方向更加细化，更有利于企业分析了解企业经营活动中的作业运转情况。同时，价值链分析的各种信息及时反馈给作业活动，能够进一步优化和再造生产流程，促进企业成本管理。

价值链成本管理中价值分析与作业成本法的结合，使企业的成本信息更加科学，解决了传统成本信息失真问题，优化了企业的资源配置，使企业的产销决策更加合理，有助于企业加强内部管理，更好地实现成长。

管理创新

管理创新是指在组织管理过程中，通过引入新的思想、方法、技术或流程，来提高组织效率、增强竞争力和创造新价值的一系列活动。它不仅包括对现有管理方式的改进，也包括对新管理理念的探索和实践。管理创新通常涉及以下几个方面：一是组织结构创新：调整或重新设计组织结构，以适应市场变化和内部需求，如扁平化管理、矩阵式组织等。二是管理流程创新：优化或重新设计管理流程，提高决策效率和执行力，例如采用敏捷管理方法。三是技术应用创新：利用新技术改进管理工具和系统，如使用大数据分析来支持决策。四是文化和价值观创新：培养一种鼓励创新、容忍失败的企业文化，促进员工的积极参与和自我驱动。五是战略创新：制定或调整组织的战略方向，以应对外部环境的变化，如多元化战略、国际化战略等。

◆ 企业管理实践

海信空调的全价值链成本管理

海信空调在全面实施 TCP 对标法时遵循的是全价值链成本管理理论。全价值链成本管理融合了价值链理论与成本管理方法，旨在帮助企业实现整个价值链的成本最优。在时间维度上，全价值链成本管理强调在产品全生命周期内开展成本管理，实现成本最优；在空间维度上，全价值链成本管理将成本管理从企业内部价值链扩展到外部价值链，统筹管理整个价值链上供应商、企业和客户之间的利益关系，实现成本最优。

海信空调在使用 TCP 对标法时强调的也是全价值链上成本最优，而不单单是产品的制造成本最优；同时在进行成本管理时，不但在内部价值链上应用 TCP 对标法寻找降本点，还通过采购环节与供应商合作，对上游行业价值链进行成本管理以降低采购成本，通过销售环节与客户沟通，对下游价值链进行管理以获取更准确的客户需求，及时调整产品研发设计方向。

海信空调的管理创新

TCP 对标法对海信空调而言是一项成功的管理创新，其推广和实施遵循管理创新理论。管理创新是一种对组织结构、管理制度、业务流程等非有形技术创新的实践行为，有助于企业决策层、管理层及操作层从多方面优化企业资源配置效率、革新组织结构、洞察外部环境，进而提升企业经营效率和经济效益。

管理创新的实施和推广离不开高层管理者的支持以及适合的推广模式。海信空调设立 TCP 工作组掌握结合自身实际应用 TCP 对标法的经验后，在组织结构中创新设立了正式归属产品管理部门的 TCP 办公室，并赋予高层权力负责 TCP 对标分析，逐渐扩大项目组核心成员的规模，趋向综合化发展和规范化管理。在管理制度创新过程，海信空调将 TCP 项目激励纳入日常的管理考核体系，增强激励效果，结合信息化手段进行科学的绩效管理，提升管理效率，降低人员沟通成本。在此基础上，海信空调持续调整组织结构，将 TCP 办公室归入全球产品经理部，深化产品全价值链流程的目标成本管理，关注市场竞争及客户需求，尽早确立目标成本并制定技术创新的战略目标，优化人力资源配置。

第 3 章
采购环节应用场景

在当今激烈的市场竞争中，企业如何在保持产品质量的同时降低成本，成为一个至关重要的议题。海信空调通过引入 TCP 对标法，成功地在采购环节实现了成本控制和优化。具体而言，TCP 对标法帮助海信空调选择合适的供应商，助力海信空调与供应商议价，并协助供应商降低成本，共享降本红利。下面将对 TCP 对标法在海信空调采购环节的应用实践进行具体介绍。

3.1 分析选择供应商，降低采购成本

在选择供应商时，TCP 对标法的主要作用体现在帮助海信空调筛选出能够提供最优性价比的零部件供应商，并建立长期稳定的供应商关系（如图 3 - 1 所示）。

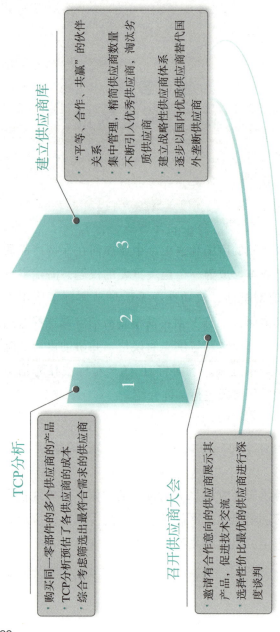

建立供应商库

- "平等、合作、共赢"的伙伴关系
- 集中管理，精简供应商数量
- 不断引入优秀供应商，淘汰劣质供应商
- 建立战略性供应商体系
- 逐步以国内优质供应商替代国外垄断供应商

3

2

1

TCP分析

- 购买同一零部件的多个供应商的产品
- TCP分析预估了各供应商的成本
- 综合考虑筛选出最符合需求的供应商

召开供应商大会

- 邀请有合作意向的供应商展示其产品，促进技术交流
- 选择性价比最优的供应商进行深度谈判

图 3 - 1 TCP对标法助力供应商选择与持续降本

1. 筛选理想供应商，降低采购成本

海信空调对供应商的期望是多方面的：稳定供货、良好口碑、卓越质量、较高的市场占有率以及持续的研发能力。然而，理想的供应商往往拥有较高的议价能力，这使得海信空调在传统的谈判过程中难以占据优势，难以有效压低采购成本。面对这一挑战，海信空调的 TCP 团队发挥了重要作用。

TCP 团队首先在市场上购买了同一零部件的多个供应商的产品，进行了深入的 TCP 分析。TCP 团队不仅预估了各供应商的成本，而且综合考虑了产品设计契合度、产品质量、降本潜力和性能改进空间，从而筛选出最符合海信空调需求的供应商。每年，海信空调都会举办一次供应商大会，邀请有合作意向的供应商展示其产品，促进技术交流。这一平台不仅为供应商提供了展示自身优势的机会，也为海信空调提供了进一步了解和评估供应商的机会。在这一过程中，海信空调依据 TCP 团队提供的成本分析结果，选择性价比最优的供应商进行深度谈判。

在谈判中，海信空调展现了"知己知彼"的智慧。通过 TCP 分析，海信空调能够预估供应商的供货成本，这使得其在确定采购价格时更加自信。此外，海信空调还通过提供产品改良和降本的建议，激发供应商的合作意愿，促使它们愿意降低价格，并与海信空调建立长期合作关系。这种基于 TCP 分析的供应商筛选和谈判策略，不仅帮助海信空调降低了采购成本，而且提高了供应链的稳定

性和竞争力。

2. 管理供应商关系，持续降本获益

海信空调将经过筛选的供应商建立供应商库，与供应商建立"平等、合作、共赢"的伙伴关系，集中管理，精简供应商数量，并设立考核标准不断引入优秀供应商，淘汰劣质供应商，同时建立战略性供应商体系，从而持续地降低零部件的采购成本。

海信空调作为终端的家电生产制造商，需要不断更新产品的设计以保持市场竞争力，因此希望供应商能够提供更符合自身产品设计和更高性能的零部件，同时还要有效控制新型零部件的成本。为此，海信空调首先应用 TCP 分析，确定新产品需要改良的零部件，然后在供应商库中选择具有一定研发能力和市场地位的该零部件供应商，与其联合开发新型零部件，开发成功后海信空调可享有低价购买新型零部件的优势，从而降低了采购成本并提高了产品性能。

在 2008 年全球陷入经济危机的背景下，海信空调面临原材料成本不断上涨的挑战。铜作为换热器中常用的材料，其价格波动直接影响企业的生产成本。为了有效应对这一问题，海信空调通过深入的 TCP 分析发现，在铜价达到一定阈值时，使用铝制平行流换热器的成本优势开始显现。铝材料不仅成本较低，而且在某些性能方面能与铜相媲美。

这一发现引发了海信空调在供应链管理上的一次重要转变。王志刚，海信空调的研发总经理，亲自带队前往重庆、天津等地，甚至包括后来被海信收购的天津三电，进

行了一系列的市场考察和供应商分析。他们的目标是寻找
能够提供高质量铝制换热器的供应商，同时确保这些供应
商能够满足海信空调对产品质量和供应稳定性的严格要
求。经过一系列的考察和谈判，海信空调最终成功引进了
铝制换热器（如图 3 - 2 所示）。这一创新不仅降低了生产
成本，而且铝材料的轻质特性还有助于提高空调产品的能
效比和市场竞争力。铝制换热器的引入，标志着海信空调
在供应链管理上的一次创新突破，也是对 TCP 对标法在
实际应用中的一次成功验证。

图 3 - 2　铜制翅片与铝制翅片对比图

　　此外，TCP 分析还能够帮助海信空调选择高质量的国
内供应商替代国外供应商，从而大幅降低产品成本。当海信
空调收购连续亏损的欧洲 Gorenge 公司时，该公司面临着产
品、效率和人员上的瓶颈，传统的成本优化手段难以为继。
于是，海信空调运用了 TCP 对标法，对 Gorenge 公司的产
品进行了深入的对标分析。这一分析不仅涵盖产品的成本构
成，还包括性能表现、使用寿命、维护成本等多个维度。

　　通过细致的分析，海信空调发现，尽管 Gorenge 公司
的产品在技术上具有一定的优势，但高成本的国外供应链

成为制约其竞争力的主要因素。因此，海信空调决定采取一个较为大胆的措施，即在保证产品质量的前提下，大规模采用国内优质供应商来替代原有的国外供应商。这一决策的实施，得益于海信空调在国内市场上经过广泛调研和严格筛选建立的供应商库。海信空调不仅考察了供应商的生产能力、质量控制体系，还对其交货周期、服务响应速度等进行了全面的评估。

通过这一过程，海信空调成功地为 Gorenge 公司构建了一个高效、稳定且成本效益高的国内供应链。结果证明，海信空调的这一调整策略取得了显著成效。通过采用国内供应商，公司不仅保障了产品的高质量标准，还实现了平均每年 6～7 个百分点的成本降低。

3.2 助力与供应商议价，降低采购成本

TCP 对标法的分析结果为企业与供应商之间的议价提供了有力的支持。海信空调的 TCP 办公室成员通过对产品进行详尽的 TCP 分析，能够精确地计算出产品的真实成本。这一过程涉及对原材料、人工、制造、运输等各个环节成本的细致评估。当海信空调的采购人员手握这份详尽的成本分析报告时，他们便拥有了与供应商进行有效议价的坚实基础。将 TCP 分析得出的成本与供应商的报价进行对比，如果成本远低于供应商的报价，采购人员便可以在这个基础上进行合理的议价。这种基于数据和事实的议价方式，往往能够得到供应商的理解和认可。图 3-3 展示了这一方法的应用场景。

通过TCP成本测算，发现供应商在生产流程中的一些潜在优化空间，并在谈判中指出。

派驻专家拜访供应商，了解对方实际生产过程中的困难，帮助供应商降本。

原材料价格普遍上涨

TCP分析结果揭示了成本与应商报价之间存在显著的差异，为采购人员提供了议价的依据。

TCP人员积极参与到议价过程中，将分析过程和结果分享给供应商，清晰地指出成本节约的空间，据理力争。

国外供应商持续提价

图 3 - 3　TCP对标法助力与供应商议价

以 2020 年海信空调在北美市场开发窗机整体机（如图 3-4 所示）为例，当时项目面临巨大的成本压力，电加热器供应商甚至提出了提价的要求。面对这一挑战，项目组及时求助于 TCP 办公室，通过 PTCA（product total cost analysis，产品全成本分析）对窗机进行了深入的成本分析。分析结果揭示了成本与供应商报价之间存在显著的差异。在这一发现的基础上，TCP 办公室不仅为采购人员提供了议价的依据，还积极参与到议价过程中。他们将分析过程和结果分享给供应商，以数据和事实说话，清晰地指出了成本节约的空间。

图 3-4　北美窗机图

这种开放和坦诚的沟通方式，促使供应商认可海信空调的成本分析，并在报价上做出了实质性的让步。最终，通过 TCP 办公室的协助，海信空调成功地将三款电加热器的报价平均降低了 10%～13%。这一成果不仅显著降低了采购成本，提高了产品的市场竞争力，也加深了海信空调与供应商之间的合作关系。

2023 年，全球经济波动导致原材料价格普遍上涨，这一现象对各行各业都产生了深远的影响，也给海信空调的生产带来了很大的成本压力。面对这样的市场环境，海信空调深刻认识到，要求供应商在成本压力下保持价格不变是不现实的，与其单方面要求供应商不涨价，不如通过深入沟通和合作，找到双方都能接受的解决方案。公司决定通过与供应商进行深入的洽谈，探索抑制涨价幅度的可能性。

例如，在与某供应商的谈判中，对方提出了涨价 20％的要求。海信空调的团队并没有立即拒绝，而是通过 TCP 成本测算，发现了供应商在生产流程中的一些潜在优化空间。通过专业的建议和建设性的反馈，海信空调指出了供应商在某些环节存在的成本浪费问题，并提出了改进建议。随后，海信空调的采购团队和工艺专家亲自拜访了该供应商，了解对方实际生产过程中的困难，面对面地交流了改进意见。

这不仅加深了双方的理解和信任，也为供应商提供了实际可行的改进方案。供应商在认真考虑海信空调的建议后，同意通过优化生产流程和提高效率来降低成本。最终，通过双方的共同努力，供应商成功地将涨价幅度从 20％降到了 15％。这一成果不仅保障了供应商的合理利润，也为海信空调减轻了成本压力，实现了双赢的局面。海信空调从终端产品的视角出发，帮助供应商发现生产组织过程中的问题，指出其可以改进的方向，从而助力供应商降低生产成本，进而在尽可能保证供应商获利的同时抑制其产品的涨价幅度，双方共享降本收益。

通过这些案例，我们可以看到 TCP 对标法在帮助企业与供应商议价、降低零部件采购成本方面的显著效果。它不仅提升了企业的议价能力，也为供应链管理带来了更高的效率和透明度。

3.3　协助供应商降低关键零部件的成本

随着 TCP 对标法的不断应用和完善，海信空调在采购成本控制和供应链优化方面将取得更多的突破，为企业的可持续发展奠定坚实的基础。海信空调模仿惠而浦的做法，通过对外购的关键零部件进行 TCP 分析，将分析成果共享给供应商，并与供应商合作以降低采购成本。然而并不是所有的外购零部件和供应商都适用这种方法，针对不同类型的供应商要采取不同的策略以更有效地降低采购成本。具体而言，海信空调首先对外购的关键零部件及其供应商进行筛选和分类，然后针对不同类型的供应商采取不同的策略（见图 3-5）。下面将进行详细的介绍。

1. 筛选适合使用 TCP 分析降本的零部件和供应商

一般而言，满足以下条件的零部件和供应商能够适用该方法：

（1）外购零部件所属的市场是竞争性的市场

海信空调在挑选使用 TCP 降本的零部件时，主要选择那些存在多个替代品的零部件，比如小电机。海信空调自身就有多个小电机的供应商，这为海信空调拆解分析该

中小型供应商

过程

▶ 特点：规模小、市场竞争激烈、替代品众多

Step 1 与市场份额较小、所处行业竞争激烈、竞品较多的优质供应商合作

Step 2 借助自身掌握多竞品信息的优势，使用TCP对标法拆解比较各个供应商的竞品

Step 3 发挥研发部门的技术优势，分析各竞品的成本构成，确定供应商的可降本点和降本空间

Step 4 与供应商分享信息，共享供应商的降本收益

大型供应商

过程

▶ 特点：处于行业领先地位，通常具有较为完备的管理体系和较强的研发能力

Step 1 与具有研发能力和一定市场地位的供应商合作

Step 2 建立战略联盟，重视研发部门的作用

Step 3 双方科研人员定期会面讨论，发挥各自的技术优势

Step 4 共享技术突破的红利

图 3-5 TCP对标法协助供应商降低关键零部件的成本

各类小电机对比图

零部件提供了条件（见二维码"各类小电机对比图"）。此外，由于小电机市场的竞争很激烈，任何一个小电机的供应商都不具备绝对的控制权，无法垄断定价。这增强了海信空调通过 TCP 方法进行成本议价的能力。

（2）供应商具备一定的研发能力

在确定好适合的关键零部件后，还要选择适合的供应商合作。为了保证供应商能够利用 TCP 的分析结果降低产品成本，海信空调选择的供应商一般是在市场内具有一定份额、行业口碑和产品质量的可靠性均有保证的企业。这类供应商具有一定的研发能力，并且有足够高的毛利支持其前期的研发投入。比如，海信空调在对小电机降本时选择合作的供应商，是在行业内具有一定的地位，其产品质量享有良好的口碑，但同时面临激烈的市场竞争，渴望扩大自身市场份额的企业，而不是那些主打低价格低毛利的企业。这类供应商有足够的资金和研发能力利用 TCP 分析的结果来改进自身的产品设计，降低成本，从而与海信空调实现共赢。

2. 对供应商分类并采取不同的合作策略

筛选出适合使用 TCP 对标法降本的零部件和供应商后，海信空调进一步依据市场地位将供应商分为两类，即中小型供应商和大型供应商，并针对这两类供应商分别应用 TCP 对标法采取不同的合作策略以降低成本。

(1) 针对中小型供应商，使用 TCP 分析发现降本点

中小型供应商指的是那些规模不大，相对于海信空调而言议价能力较弱的供应商。当然，企业与中小型供应商的价格博弈更具优势，但是如果企业对供应商产品成本的构成不了解，直接和供应商议价，是很难成功要求对方降低售价的。此时，企业往往需要对供应商产品成本构成的细节进行拆解并对标分析，TCP 对标法就发挥了作用。因此，针对这类供应商，海信空调采用 TCP 对标法协助供应商确定降本点，并与其共享降本收益。

虽然对这些外购的零部件，海信空调不具备自主研发、加工和制造的能力，但海信空调可以通过 TCP 测算、拆解和分析，与竞品进行比较，了解其成本构成和成本差异，并根据分析结果与供应商进行深入的谈判和协调。而中小型供应商对海信空调的供货意愿较为强烈，但其产品的可替代性较高，因而看到海信空调提供的 TCP 对标分析成果后，会有较强意愿改进产品或降低价格，以保证双方持续的长期合作。

例如，2010 年左右，海信空调与国内某小电机供应商达成合作协议，拟从该供应商处采购数批步进小电机。该小电机在市场中属于竞争相对激烈的一款产品，货值不高，但用量较大；而该供应商虽研发能力在行业内位居前列，但市场份额没有绝对领先，议价能力较弱，售卖的价格与其他竞争对手的价格相当，在成本上也缺乏优势。

海信空调当时虽然在电机方面并没有研发能力，对其价格和成本构成也并不了解，但是使用 TCP 对标法将小电机的各部分拆解细分，并逐一和其他厂家的小电机竞品进行对比分析后，发现该供应商有降本的空间。海信空调将提出的问题点和可优化点，以及分析过程与结果提供给该供应商，对方备受启发，经研究讨论后采用了该方案，最终该小电机实现了总成本降低 10% 以上的效果，大幅提升了其竞争优势，而海信空调也与供应商合作共赢，共享了降本收益。

（2）针对大型供应商，使用 TCP 分析实现目标成本

大型供应商指的是那些在行业具有领先地位，占有一定的市场份额，并通常具有较为完备的管理体系和较强研发能力的企业。企业与大型供应商的合作往往不局限于采购议价，更多是为了双方可持续发展以建立合作共赢的生态。通常情况下，企业会采取战略联盟的合作形式，联盟的共同目标之一便是控制新研发产品的成本。此时，TCP 对标法能够帮助企业在与大型供应商合作共研的过程中实现新产品的目标成本。

双方通过建立战略联盟在技术的前沿领域进行预研，在新产品开发的项目中进行深入合作，从而共享技术突破的红利。当海信空调通过客户反馈、市场调研、技术革新等多种途径确定一款新品的方向时，便会向有战略合作的供应商提出需求并预估目标成本，希望依托供应商的技术实力进行定制化的设计，同时海信空调会派出经验丰富的技术专家实际参与到设计工作中。

以海信空调与压缩机厂商的合作为例，海信空调作为

变频空调的专家，多年来积累了丰富的技术创新成果和经验，因此在变频压缩机设计方面拥有独到的见解。当海信空调准备开发新产品时，会向有战略合作的压缩机供应商提出新压缩机的需求，并使用 TCP 对标法预估新压缩机的目标成本。同时海信空调会派驻经验丰富的技术专家参与压缩机的设计，当新压缩机的成本超过目标成本时，海信空调会使用 TCP 对标法帮助供应商降低新产品的成本，共同实现目标成本（见二维码"压缩机改良前后对比图"）。

压缩机改良前后
对比图

对于压缩机供应商而言，海信空调提出的产品需求是宝贵的，其在一定程度上代表着未来市场需求变化的方向，压缩机供应商借此机会能够提升其技术能力，进行产品升级，并且新产品的市场销售也得到了一定的保障。因此，压缩机供应商是愿意积极主动合作的，并且在新产品推出后也会愿意秉持互惠互利、合作共赢的原则，让利海信空调，以低于市场价格的采购价格提供产品。而海信空调不但开发了符合自身产品需求的新压缩机，还控制了采购成本。合作双方真正实现了共享科技创新的红利。

总之，制造业企业与供应商的合作因合作模式、合作内容等方面的不同而有所差异，针对不同的供应商，企业应相应采取差异化的管理模式（如表 3-1 所示），以便更有效地运用 TCP 方法实现降本增效的目标。

表 3-1　与供应商合作降本的管理模式

比较的内容	与中小型供应商合作	与大型供应商合作
供应商特点	• 规模小，但产品质量有保障 • 所处市场竞争激烈，替代品众多	• 处于市场领先地位 • 研发能力较强
降本方式	• 使用 TCP 对标法协助供应商确定降本点 • 分享 TCP 对标法分析过程和结果	• 建立战略联盟 • 合作共研突破技术瓶颈 • 使用 TCP 对标法实现新品目标成本
收益共享方式	• 获得更低的采购价格，共享收益 • 稳定优质的货源	• 以更优惠的价格采购新产品 • 获得产品的技术领先优势
研发部门的参与程度	• 参与供应商产品的 TCP 分析 • 协助对比各竞品成本构成的差异	• 高度参与合作 • 双方定期讨论分析问题 • 发挥各自的研发优势

3.4　成功心法

　　TCP 对标法作为一种精细化的成本管理工具，它不是一种数字游戏，而是一种深入挖掘产品成本构成、识别成本节约潜力的科学方法。该方法在采购环节的成功应用可以归因于以下几个方面：

1. 供应商分类，"对症下药"合作降本

　　海信空调以独到的洞察力和策略，成功地将供应商分类并实施了"对症下药"的合作降本策略。这一策略不仅体现了海信空调对供应链的深刻理解，也展现了其在成本

控制方面的卓越能力。

　　针对中小型供应商，海信空调采取了一种更为细致和个性化的方法。通过 TCP 对标法，海信空调不仅帮助这些供应商确定了降本的关键点，而且与它们共享降本带来的收益。这种合作方式不仅提升了中小型供应商的成本竞争力，也加深了它们与海信空调的合作关系。中小型供应商由于竞争力相对较弱，产品可替代性较高，对海信空调的供货意愿更为强烈。海信空调利用这一优势，在进行成本分析后，不仅帮助它们降低成本，还能在价格谈判中占据有利地位，说服中小型供应商在售价上做出合理的让步。

　　对于规模较大的供应商，海信空调则采取了一种更为战略性的合作方式。通过建立战略联盟，海信空调与这些供应商共同研发新产品，共享技术突破带来的红利。大型供应商通常拥有较强的管理能力和研发能力，海信空调正是看中了这一点，通过与它们紧密合作，共同确定新产品的成本结构。这种合作不仅能够促进产品的创新和技术的进步，还能在新产品的成本控制上实现共赢。供应商为了维护与海信空调的长期合作关系，往往愿意在新产品上给予更多的价格优惠。

　　海信空调的这种供应商分类策略，充分体现了其对供应链管理的深刻理解和精准把控。无论是中小型供应商还是大型供应商，海信空调都能准确把握它们的特点，并将其与自身的需求相对应，从而在合作中实现互利共赢。这种策略不仅降低了海信空调的采购成本，还增强了供应链的稳定性和竞争力，为海信空调在激烈的市场竞争中赢得了优势。

2. 收益共享促共赢，实现长期合作降本

无论是对中小型供应商还是大型供应商，"收益共享"是维系海信空调与各类供应商关系的坚实基石。

对于中小型供应商而言，与海信空调的合作不仅是一次商业交易，更是一次成长与提升的机遇。虽然在初期可能面临价格下调的压力，但海信空调所提供的降本建议能引导它们深入挖掘内部潜力，优化生产流程，提高效率。这样的改进不仅降低了成本，更增强了它们的市场竞争力。海信空调在降价要求上总是兼顾供应商的利益，确保它们在合作中也能获得合理的利润，这种公平合理的合作态度，赢得了中小型供应商的信任与期待，它们也愿意与海信空调建立更长远、更稳定的合作关系。

对于大型供应商，海信空调的合作则意味着更广阔的视野和更深层次的融合。通过多样化的合作模式，大型供应商不仅能接触到海信空调的前沿技术，共享技术进步带来的红利，还能通过海信空调的产品需求变化，洞察市场趋势，为自己的技术升级和产品改进指明方向。海信空调的市场需求动态，为大型供应商提供了宝贵的市场信息和发展方向，这种互惠互利的合作模式，让大型供应商看到了与海信空调长期合作的巨大价值。

海信空调深知，无论是中小型供应商还是大型供应

商，收益共享都是双方能够实现长期稳定合作的关键。通过公平合理的利益分配，海信空调不仅确保了自身的成本优势，也激发了供应商的合作热情，共同推动了供应链的优化与升级。这种以共赢为基础的合作策略，不仅为海信空调带来了成本的降低，还为整个供应链的可持续发展注入了活力。通过这种策略，海信空调与供应商之间建立起了一种超越交易的伙伴关系，共同迎接市场的挑战，共享成功的喜悦。

3. 研发创新显身手，协助采购共降本

无论是与哪种类型的供应商合作都离不开研发部门的支持。在海信空调的供应链战略中，研发部门扮演着至关重要的角色，其创新能力和专业支持是 TCP 对标法在采购环节成功应用的核心力量。

研发部门的专业知识和技术洞察力，使 TCP 团队能够深入挖掘产品或零部件的成本结构，为采购团队提供强有力的议价依据。他们不仅能够精准判断供应商报价中可能存在的降价空间，还能根据分析结果向供应商提出切实可行的降本建议。这些建议不仅帮助海信空调在采购过程中争取到更有利的价格，还为吸引合作伙伴和维护长远合作伙伴关系奠定了坚实的基础。

此外，研发部门在与供应商的合作中，还积极参与到新产品的设计和开发过程中。他们利用自身的技术专长，与供应商共同探索创新解决方案，以更快地实现目标成本。这种紧密的协作不仅让双方都能在成本控制上取得显

著成效，更让供应商亲身体验到海信空调的技术实力和创新能力。通过研发与采购的深度融合，海信空调不仅在成本控制上取得了突破，更在产品创新和市场竞争力上赢得了优势。研发部门的积极参与，不仅提升了供应链的整体效率，也为海信空调与供应商之间的合作注入了新的活力和创造力。

　　总之，研发部门在海信空调的供应链管理中发挥着不可替代的作用。他们通过不断的技术创新和专业支持，为采购团队提供了强有力的后盾，为供应商提供了宝贵的合作机会，更为海信空调的长远发展贡献了源源不断的动力。这种以研发创新为驱动，以成本控制为目标的供应链管理模式，帮助海信空调在激烈的市场竞争中稳步前行，不断创造新的辉煌。

◈ 管理理论方法

供应商管理

　　供应商管理是供应链管理中的关键环节，它不仅是战略资源管理的一部分，还是实现供应链整体绩效最大化和供需双方共赢的重要手段。它在内部资源配置上与企业的采购模式紧密结合，优化了企业的经营机制；在外部资源获取上，通过一系列精细的流程，包括供应商开发战略的制定、评估与选择、关系管理和绩效与风险管理，有效地整合了资源，促进了双方关系的长期可持续发展。

海信空调的供应商管理

海信空调在供应商管理上展现了其卓越的战略眼光和实践能力。从供应商选择角度，海信空调采用 TCP 对标法拆解采购产品、分析并预估零部件成本、筛选最优性价比的供应商进行深度谈判和技术交流以降低采购成本，为采购部门获得议价优势和长期合作机会提供了条件。从供应商考核评估角度，海信空调设立了严格的评估标准，淘汰了劣质供应商，同时引入了优质的合作伙伴。从供应商关系管理角度，海信空调搭建供应商库进行集中管理，建立平等合作的共赢关系和战略性供应商体系，协助供应商降低关键部件成本，以深入降低零部件采购成本并持续优化产品性能。

海信空调针对不同类型的供应商，采取差异化管理策略，助力中小型供应商发现降本点，与大型供应商建立合作共赢的可持续发展关系，提出新产品发展需求，应用 TCP 对标法合作共研，共同实现目标成本管理，双方共享技术创新的红利。

此外，海信空调将目标成本管理思维应用于筛选优质供应商的过程中，不仅有助于家电制造企业开发和选择契合自身管理模式的供应商，也完善了供应商管理体系。海信空调的差异化供应商管理策略及其在合作研发创新、共享资源与红利方面的实践，为家电制造企业如何提高议价能力、实现降低采购成本和持续创新提供了宝贵的启发和借鉴。

第4章
研发环节应用场景

在海信空调不断研发创新的过程中，TCP 对标法如同一盏明灯，照亮了技术创新的道路。作为一种先进的比较分析工具，TCP 对标法在海信空调的研发环节发挥着至关重要的作用。它不仅帮助海信空调突破了行业技术瓶颈，还在确定研发方向、提升设计可靠性和引领研发前置方面起到了关键作用。通过深入分析竞争对手的产品和技术，海信空调能够精准发现自身的优势与不足，从而在激烈的市场竞争中保持领先地位。

本章将深入探讨 TCP 对标法在海信空调研发过程中的应用方法和实践场景，结合丰富的应用实例，详细展示如何运用这一方法来优化研发流程、提升产品质量，并最终实现产品的持续创新与改进。通过本章的阅读，读者将对 TCP 对标法在海信空调研发中的实际应用有一个全面而深入的了解。

4.1 学习竞品突破领先技术

在海信空调的研发环节，TCP 对标法的应用不仅是一种技术学习的手段，更是一种战略思维的体现，图 4-1 展示了这一方法的应用场景。通过这一方法，海信空调不断吸收行业内其他优秀竞品的领先技术，以此为跳板实现自身技术的飞跃。特别是在海外市场，面对不同的地理环境、政治经济背景以及文化差异，海信空调通过学习本地优势竞品，迅速调整产品特性，满足新消费者的需求。

图 4-1 TCP 对标法助力突破领先技术

例如，2017 年海信空调通过对竞争对手的 12k 移动空调进行深入分析，发现了一项技术上的重大进步。竞品通过开发高翅片密度两器并优化打水系统，显著提高了换热效率。这一发现激发了海信空调研发团队的灵感，他们不仅在 φ5 管上进行了高翅片密度两器的开发，还将这一技

术应用到了 φ7 管上，实现了技术的全面升级。

这一过程不仅仅是对单一技术的模仿，更是对整个生产流程和系统优化的深度学习。海信空调的研发团队在分析竞品的过程中，发现了竞品在生产流程、平台化组装以及与其他组件配合等方面的优势。这些发现促使海信空调在相关方面进行深入的对比和自我反思，最终实现了多方面的技术赶超。

再比如，海信空调在并购日本三电后，通过 TCP 分析发现电装压缩机与竞争对手有一定差距，在涡旋型线和背压结构两方面都存在改进空间，于是海信三电通过向竞争对手学习，并使用常规冷媒技术，改进了压缩机，提高性能的同时还降本 5%，新产品已经在极氪汽车上获得应用。

通过 TCP 对标法，海信空调不仅学习了竞品的最新技术，更在这一过程中发现了竞品在多个方面的综合优势。这种跨领域的技术整合，使得海信空调在制冷系统、结构设计以及风道风量等多个方面都实现了显著的技术提升。这种全面的技术进步，不仅提升了海信空调产品的市场竞争力，也为公司的长期发展建立了坚实的技术壁垒。

4.2　寻找可行高效的研发方向

在当今这个快速变化的市场环境中，企业面临着前所未有的挑战和机遇。随着市场需求的日益多样化和国家政策对研发的新要求，企业必须在研发环节找到快速可行的方向，在保持市场竞争力的同时有效控制产品成本。对于海信空调而言，这不仅是一场技术革新的竞赛，更是一场成本控制的智慧较量。TCP 对标法从三个方面帮助海信空调选定合理的研发方向（见图 4 - 2）。

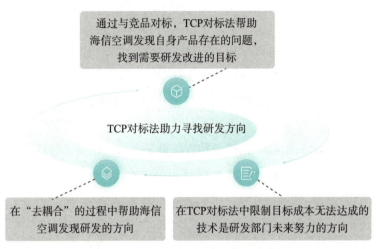

通过与竞品对标，TCP对标法帮助海信空调发现自身产品存在的问题，找到需要研发改进的目标

TCP对标法助力寻找研发方向

在"去耦合"的过程中帮助海信空调发现研发的方向

在TCP对标法中限制目标成本无法达成的技术是研发部门未来努力的方向

图 4 - 2　TCP 对标法助力寻找研发方向

一是通过与竞品对标，TCP 对标法帮助海信空调发现自身产品存在的问题，找到需要研发改进的目标。海信空调通过运用 TCP 对标法对产品进行深入的拆解研究，不仅揭示了零部件原材料的替代可能性，评估了零部件设计的合理性，还探索了减少零部件数量以降低成本的途径。这种细致入微的分析方法，使得海信空调能够全面审视整个生产流程，识别出可以优化、减少或合并的环节，甚至发现部门人员配置的冗余问题。通过将这些发现与当前政策要求、消费者需求以及竞品的研发状况相结合，海信空调能够精准选择出当前最适合的研发方向。

2018 年，面对印度市场整机进口关税的提升和能效要求的增加，海信空调迅速采取行动，对印度市场主销的 12k 和 18k 变频产品进行了深入的 TCP 分析。通过购买并拆解多品牌在当地市场的变频样机，海信空调不仅学习了竞品的差异化前沿技术，还深入分析了竞品在成本和性能上的平衡点。海信空调根据这些分析结果，提出了一系列针对性的设计改善建议和流程方案，如箱体小型化、风扇系统轻量化、无源电控设计以及小缸体压缩机的使用。这些创新措施不仅提升了产品性能，还有效降低了成本，实现了爆款产品成本相较最初方案降低 9.4％的显著成效。

通过这些针对性的分析和改进，海信空调不仅发现了自身产品存在的问题，还找到了需要研发改进的目标。TCP 对标法的应用，帮助海信空调在激烈的市场竞争中不断优化产品、提升竞争力，实现了技术和成本的双重突破。

二是 TCP 对标法在"去耦合"的过程中帮助海信空调发现研发的方向。在应用 TCP 对标法的过程中，"去耦合"不仅是一个技术挑战，更是一个创新的机遇。

通过 TCP 对标法，海信空调能够根据物料清单深入挖掘单项产品的 BOB，识别每个零部件的潜在成本节约点。然而，当所有单项 BOB 的成本累加时，有时会发现目标成本难以达成，这是因为某些项目之间存在成本上的"耦合"现象，即一个零部件的成本降低可能会不可避免地导致另一个零部件的成本上升。此时，海信空调的研发团队需要通过不断的技术创新和工艺流程创新，探索去耦合的有效方法。他们改进了零部件的生产工艺，优化了零部件的组合方式，甚至将原本独立的零部件进行组件化设计，以实现成本的相互抵消，从而使总机成本尽可能接近目标成本。

海信空调特有的风扇就是这样研发出来的。传统的产品开发模式只考虑了结构、制冷和电控这三大方面。然而，随着对制冷系统的深入研究，海信空调发现，风扇作为辅助配件，其成本和性能与整个制冷系统的性能息息相关。最初，研究人员仅将风扇视为一个独立的成本计算单元，并未充分考虑其与制冷效果的内在联系。随着研究的深入，他们意识到风扇产生的风量对制冷效果有着直接的影响。如果风量足够大，可以降低换热器的成本，但这也意味着风扇叶片需要增大，重量增加，从而导致成本上升。

为了解决这一耦合问题，海信空调的研发人员进行了深入的技术攻关，最终研发出了一种新型的翅片设计（见二维码"新型翅片"）。这种设计不仅能够产生足够的风量，满足对制冷效果的需

新型翅片

求，同时还能控制风扇的重量，避免因重量增加而导致的成本上升。这一创新不仅实现了风扇与制冷系统之间的去耦合，也为海信空调带来了成本和性能的双重优化。

通过这样去耦合式的研发，海信空调的研发团队不仅发现了新的技术突破点，也在成本控制和产品创新之间找到了平衡点。

三是在 TCP 对标法中限制目标成本无法达成的技术

是海信空调研发部门未来努力的方向。比如，海信空调在基于 W2N 和 W2T 平台开发产品时，发现目前使用的换热器技术是限制其无法在保障制冷效果的同时实现目标成本的关键因素，因此预研部门将未来的研发重点放在换热器技术的突破上。终于，在新推出 W2X 产品平台时，海信

新旧换热器对比

空调用全新室外 5.0 管径换热器替代了 7.0 管径换热器，在保障相同制冷能力的情况下，冷媒充注量降低约 7%，换热器成本降低约 8%（见二维码"新旧换热器对比"）。

可见，尽管在 TCP 对标法中，目标成本不一定能够完全达成，但将限制目标成本实现的因素作为未来技术创新的方向，能够快速完成技术创新的转化，实现成本控制和性能提升的双重目标。

4.3　提高产品研发设计上的质量可靠性

TCP 对标法通过指导企业的各个部门相互合作，在研发环节还能够提高产品的质量可靠性。在海信空调，TCP 对标法不仅是一种分析工具，更是促进跨部门合作的桥梁（如图 4-3 所示）。在 TCP 小组的精心指导下，海信空调的各个部门形成了紧密的协作网络。售后服务部门积极收集消费者对产品的使用感受，并及时将这些宝贵的反馈传递给研发部门。研发团队根据反馈，不断审视和调整产品设计，以实现产品质量的持续提升和可靠性的增强。

售后服务部门
收集消费者对产品的使用感受，并及时将这些宝贵的反馈传递给研发部门

研发部门
根据这些反馈，不断审视和调整产品设计，以实现产品质量的持续提升和可靠性的增强

图 4 - 3　TCP 对标法促进部门协作

　　一个典型的例子是在南美市场的出口业务中，海信空调面临着产品在运输过程中的破损问题，主要是风扇部分容易出现损坏。为了解决这一问题，海信空调的研发人员迅速响应，通过深入分析确定了问题根源，并与供应链合作伙伴顺威进行了充分的沟通，共同明确了改进目标。通过优化和轻量化设计，新的风扇（如图 4 - 4 所示）不仅重量减轻了25%，而且破损率也从 1% 显著降低至几乎为零，这一改进不仅提升了产品的质量可靠性，也增强了消费者对海信空调品牌的信任。

图 4 - 4　新型风扇

另一个例子是海信空调在推出圆柱柜机时遇到的挑战。尽管在实验室的多次测试中，柜机表现出了良好的质量，但上市后，用户反馈却显示存在严重的质量问题。接到售后服务部门的反馈后，研发人员经过实地考察，发现问题出在柜机放置的位置上。在实际使用过程中，柜机往往被放置在角落，运行时容易吸入窗帘（如图 4-5 所示），导致柜机吸风不足，也就无法制冷。这一发现促使海信空调的研发团队对圆柱柜机进行了针对性的设计改进，以解决"窗帘布吸附"问题，从而显著提高了产品质量。

图 4-5　柜机使用场景图

通过这些实例，我们可以看到 TCP 对标法在海信空调的应用不仅仅局限于研发环节的成本控制和性能优化，它还促进了企业内部的沟通与协作，以及通过跨部门的共同努力，实现了产品性能的持续提升。这种以市场和消费者需求为导向的研发模式，不仅提高了产品的市场竞争力，也为海信空调赢得了良好的市场声誉。

4.4　引领研发前置，利用产学研方式突破技术

在海信空调，TCP 对标法不仅是分析工具，更是引领研发前置的战略指南（如图 4-6 所示）。在正式投入研发之前，海信空调会根据 TCP 对标法的指导，先设定一系列成本、质量和交期指标，然后通过对竞品的拆解分析，评估新品是否能够达到既定的成本标准。这种方法使得海信空调能够在研发的早期阶段就对产品进行精确定位，确保研发方向与市场需求和成本控制相匹配。

尽管海信空调拥有一支强大的内部研发团队，但在某些技术瓶颈面前，团队有时也会遇到挑战。面对这些困境，海信空调不局限于内部资源，而是积极寻求外部合作，利用产学研相结合的方式，整合各方优势，共同破解技术难题。这种开放式的创新模式，使得海信空调能够在研发环节就实现技术领先和设计优化，在有效降低产品成本的同时保障产品的性能和竞争力。

以超薄空调的研发为例，海信空调在尝试缩小风扇直径以实现超薄设计时，遇到了风量不足和噪音问题。面对这一技术挑战，海信空调依靠自身力量难以找到解决方案，于是转向外部寻求合作伙伴。通过与顺威、西安交大、

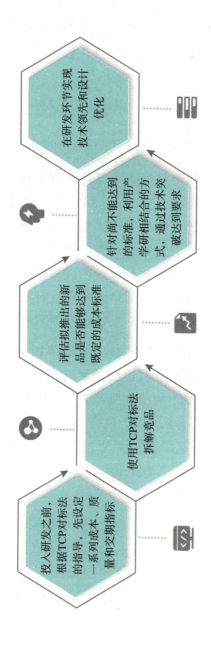

图 4-6　TCP对标法引领研发前置

西工大等的紧密合作，海信空调最终研
究出了一种既能满足超薄设计要求，又
能保持适宜风量和低噪音的风道风扇解
决方案（见二维码"超薄空调及其风
扇"）。

超薄空调及其风扇

　　在阿根廷市场，海信空调面临着另一项挑战：如何
在不牺牲性能的前提下实现超低成本的空调制造。最初，
外部机构 MUNRO 提出的侧吹风设计虽然减少了结构
件，但风速不均的问题仍然存在。海信空调没有停止探
索的脚步，借鉴汽车行业的三电换热器制造方法，与三
家机构共同研发，将铜制换热器换成铝制换热器。通过购
买美国样机，学习微通道换热器和圆筒设计，海信空调又
改进了风扇风道。最终，海信空调成功制造出符合阿根廷
市场需求的低成本空调，并在当年实现了显著的销售业绩
增长。

　　海信空调以这种创新精神和合作态度，在阿根廷市场
取得了成功，它还将这种方法应用到日立商用空调上，实
现了革命性的降本增效。通过产学研的深度融合，3P 空
调实现了 5P 的制冷效率，这不仅是技术上的一次飞跃，
也使海信空调在行业内竞争力显著提升。

4.5　成功心法

　　TCP 对标法的引入，不仅优化了研发流程，还极大提
升了产品竞争力。海信空调成功运用 TCP 对标法，在研

发领域实现一次又一次的技术革新和成本突破。整体而言，其成功经验可以总结为以下几点：

1. 全生命周期管理，高度重视研发设计

海信空调坚持产品的全生命周期管理理念，将研发环节视为内部价值链中的关键一环。公司秉承技术立企的理念，深知研发设计阶段对产品成本的决定性作用。据统计，海信空调产品大约 80% 的成本在研发阶段即已确定。确立正确的研发方向和降本路径，是海信空调成功的关键。

2. 对标竞品，超越竞品

在 TCP 对标法的使用中，海信空调通过对竞品的深入分析，一方面借鉴竞品的优点，弥补自身的不足，快速了解新技术、新设计、新需求；另一方面发现竞品存在的问题，并在自身设计中改进，从而在市场上超越竞品，引领市场。

3. 重视目标成本的实现，并不断为之努力

在某些情况下，TCP 对标法计算出的目标成本在当前阶段可能难以实现，这多是耦合效应或技术不足所致。海信空调没有就此放弃，而是以此为研发方向，寻求去耦合或技术突破。这种不断追求目标成本的精神，使海信空调能够不断实现技术升级，并且新技术能够快速应用到产品中，带来成本的降低和性能的提升。

4. 合理选择创新方式，不断适应市场变化

海信空调在创新方式的选择上，结合自身市场地位和研发能力，确定了有效的研发方式。在国内市场上，海信空调凭借较高的市场地位和一定的研发能力，主要采取自主研发的方式。然而，在面对技术困境时，海信空调也会选择合作研发，与专门的研究机构合作，共同攻克技术难题。在国际市场上，海信空调会先分析当地产品的优缺点，再结合市场需求来研发自己的产品，并及时根据用户反馈，调整自身的产品设计。

5. 渐进式创新为主，强调成本效益最大化

TCP 对标法的应用使海信空调能够在产品的各个方面进行深入分析，发现自身产品的不足之处。因此，其每次创新往往是在小的方面，如组件改进、功能开发、生产流程优化等。即使在面对完全不同的国外市场时，海信空调也不会贸然提出做一个全新的产品，而是尽量在借鉴本地产品、了解本地市场需求的基础上对企业原有产品做出改变。海信空调更青睐渐进式创新，这种创新方式使公司能够以最小的成本实现最大的收益，不断推动企业可持续发展。

◆ **管理理论方法** ......

渐进式创新

在当今快速发展的商业环境中，创新已成为企业持续

发展和保持竞争力的关键。渐进式创新作为一种重要的创新模式，它的核心在于在现有产品和技术的基础上，通过不断的学习、积累和改进，实现产品的优化升级，以更好地满足消费者的多元化需求。这种创新方式并不追求彻底的变革，而是注重细节的完善，保持产品的基本属性不变，同时增强其市场适应性和竞争力。

产学研融合

产学研融合是现代企业发展中一种创新的合作模式，它强调企业与学术界、研究机构之间的深度合作与高度融合。这种融合不仅仅是简单的资源共享，更是一种在知识、技术、人才等多方面的深层次交流与合作。通过打破传统的组织边界，企业能够与学研伙伴共同进行高质量、深层次的创新活动，形成一种互利共赢的联盟关系。

◆ 企业管理实践

海信空调的渐进式创新

海信空调作为家电行业的佼佼者，其在渐进式创新方面的实践尤为值得关注。海信空调采用 TCP 对标法，对竞争产品进行深入拆解和全面分析，在技术、成本、性能等各个方面均进行对标。不论是通过对标结果学习竞争对手的先进技术，还是为去耦合进行研发创新，或者是为实现目标成本展开技术突破，海信空调均是围绕市场需求和消费者偏好进行产品优化和升级，而不是追求颠覆性的产品变革。通过在细节上的逐步持续改善，海信空调保持了其产品的市场适应性和核心竞争力。

总的来说，海信空调的渐进式创新实践，为处于激烈市场竞争中的其他制造业企业提供了一个成功的范例。通过不断的学习和改进，海信空调不仅提升了自身的技术实力，而且通过满足消费者的需求，实现了企业的可持续发展。这种以市场需求为导向、以技术持续进步为支撑的渐进式创新模式，无疑将为更多企业的发展提供宝贵的启示。

海信空调的产学研融合

海信空调在应用 TCP 对标法设计新产品时，为应对成本和技术挑战，采取了产学研融合的研发策略。当内部研发团队在成本控制和技术创新上遇到瓶颈时，海信空调没有局限于现有的组织结构，而是积极寻求外部合作，与高校和研究机构建立紧密的合作关系。这种合作不仅拓宽了海信空调的研发视野，也为解决技术难题提供了新的途径。

通过与学研机构的联合研究，海信空调解决了新产品设计中存在的问题。这种合作模式使得海信空调能够借鉴和学习其他行业的先进技术和最新的理论发展，通过共研的方式，合作设计出既符合市场需求又具有技术领先性的产品，还在成本控制上取得了显著成效。海信空调的产学研深度融合，为企业的持续创新提供了强大动力。这种模式有助于企业快速响应市场变化，加速技术创新的步伐，同时为企业在激烈的市场竞争中保持领先地位提供了有力支撑。

总结来说，海信空调的产学研融合实践，不仅体现了企业面对挑战时的灵活性和开放性，也展示了企业如何通过创新合作模式，实现技术突破和成本优化。这种模式的成功，为家电制造业乃至更广泛的制造业企业提供了宝贵的经验，证明了产学研融合在推动企业创新和提升竞争力方面的巨大潜力。

第 5 章
生产制造环节应用场景

在海信空调的生产过程中，追求卓越品质与成本效益的平衡是一项至关重要的任务。为了实现这一目标，生产效率的提升无疑是关键所在。TCP 对标法也被应用于海信空调的生产制造环节，通过深入优化工艺流程和精简工序，显著提高了产品生产效率，进而实现了成本的降低与效益的提升。这种方法不仅促进了生产流程的高效运转，而且确保了产品质量的持续提升。

本章我们将深入探讨 TCP 对标法在海信空调生产制造环节的具体应用。首先，我们将分析 TCP 对标法如何通过工艺优化，实现生产流程的精益化管理。接着，我们将讨论 TCP 对标法如何帮助企业减少工序，提高生产效率和资源利用率。最后，我们将总结 TCP 对标法在海信空调生产制造环节中的实际效果，并揭示其潜在价值，为整个制造业提供宝贵的经验和启示。

5.1 优化工艺降成本

在工艺流程的优化方面，TCP 对标法扮演着至关重要的角色。它的核心作用可以概括为两点：

一是 TCP 对标法通过深入分析产品生产制造过程中的不足，识别出那些导致材料浪费和效率低下的工艺或设计。通过这种细致的审视，企业能够发现并解决那些隐藏在生产流程中的低效问题，从而减少不必要的材料消耗和人工浪费，提升生产效率。

二是 TCP 对标法鼓励企业从竞争产品和其他类型的产品的 TCP 分析中汲取灵感，设计更高效的生产流程。这种方法不局限于单一产品或生产线，而是通过跨产品、跨领域的学习，激发创新思维。企业可以借鉴其他产品在工艺设计上的高效实践，将这些最佳实践应用到自己的生产流程中，实现流程设计的优化升级。这样的工艺流程优化有助于降低人工操作的复杂性，减少人工成本，同时提高生产效率（如图 5-1 所示）。在接下来的讨论中，我们将举例说明 TCP 对标法如何发挥这两点作用。

1. 对标比较，优化产品工艺

随着生产技术的飞速发展和市场需求的日益多变，企业必须不断审视和更新其工艺流程，以确保在激烈的市场竞争中保持竞争力。原本的生产工艺可能已经不再适应当前的环境和条件，因此，持续的改进和优化变得尤为关

对标比较，优化产品工艺
· 持续拆解竞争产品，研究其生产工艺特点并进行比较
· 重点关注导致生产材料浪费或者导致生产效率低下的差异
· 组织工厂工艺负责人和研发设计部门共同解决

TCP对标法助力工艺优化

跨界学习，改进生产流程
· 吸收其他产品的设计智慧
· 借鉴并应用新技术和新方法
· 改进自身的生产流程

图 5-1　TCP 对标法助力优化工艺降成本

键。TCP 对标法通过持续拆解竞争产品，研究其生产工艺特点，不断与本企业产品的生产工艺进行对比，重点关注那些导致生产材料浪费或者导致生产效率低下的差异。TCP 团队发现不足后，组织工厂工艺负责人和研发设计部门进行讨论，共同探索解决方案，目的是减少材料浪费，提高生产效率，最终实现成本的节约。

　　以 2014 年的箱体改造事件为例（见二维码"螺钉工艺改良图"）。TCP 团队在进行 DFA 分析后发现，公司某室外箱体平台在与竞品的比较中存在劣势，尤其是在螺钉数量上。于是研发团队、产

螺钉工艺改良图

品工艺负责人和一线员工在 TCP 团队的带领下进一步深入分析，发现箱体顶板上的螺钉过多，导致材料和加工时间的浪费。通过创新工艺设计，海信空调在箱体顶板上增加了加强筋，有效降低其在硬度上变形的可能性，从而减少了螺钉的使用。这一工艺改进不仅减少了 39％ 的螺钉使

用，还将总装时间压缩了 10%，显著提升了生产效率。

该案例展示了 TCP 对标法在帮助企业优化产品工艺、节省材料成本方面的实际效果。通过不断的对标、比较、发现、改造，TCP 对标法不仅提升了生产效率，还为企业节约了成本。

2. 跨界学习，改进生产流程

TCP 对标法还为企业跨界学习提供了渠道，不仅能够帮助企业吸收其他产品的设计智慧，还能借鉴并应用新技术和新方法，从而改进自身的生产流程，减少人工成本，提高生产效率。TCP 团队在拆解其他家电产品比如冰箱时，会学习其工艺设计，并迁移到空调产品的流程设计或工艺改造上，尽可能地简化生产流程，减少人工占用和材料消耗。

以空调中风管机的固定问题为例。传统方法需要使用上百个钉子，这一过程不仅烦琐，而且要耗费大量的时间和劳动力。然而，TCP 团队在拆解冰箱时发现了一种新的固定技术。这种技术不仅减轻了产品重量，还减少了螺钉的使用。TCP 团队将这一方法应用到空调的风管机安装中，通过增设凹槽底板，将换热器放入其中并卡住，仅用两个螺钉就实现了固定，大大简化了固定程序，减少了螺钉的使用，提高了生产效率（如图 5-2 所示）。

海信空调还向冰箱学习了一项新技术——发泡技术。以往空调的风管机总存在漏风漏水问题，而传统的解决方案是通过贴 EPDM（三元乙丙橡胶）来防止这些问题。在

图 5 - 2　固定技术应用示意图

对冰箱产品进行拆解的过程中，TCP 团队对一体发泡技术的应用有了新的认识。这种技术通过物理或化学发泡剂的添加与反应，形成蜂窝状或多孔式结构，可以有效填补缝隙，从根本上解决漏风漏水的问题。这一创新不仅去除了贴EPDM 的工艺流程，还显著减少了人工成本和材料成本，节省了时间，提高了生产效率。

又如，以前的单元式空调机一共需要 117 个螺钉，由工艺人员一个一个地进行安装。TCP 团队在对标三星的全塑料壳的接水盘时，发现了一种更为高效的解决方案。三星的接水盘采用了泡沫材料，大大减少了螺钉的使用。海信空调借鉴了这一方法，将空调机外壳设计成卡扣式的一体化结构，减少了一半以上的螺钉使用，简化了人工安装，进一步提高了生产效率。

通过这些案例，我们可以看到 TCP 对标法在促进企业跨界学习以改进生产流程方面的重要作用。TCP 团队通过拆解竞品或具有相似点的产品，进行深入的对比分析，学习其他优秀产品所采用的技术与设计，并将其应用到自身产品上，从而降低生产成本。在这个过程中，TCP 团队不断进行研发改造，结合自身产品特点，对原有工艺设计进行改进，使之更加适应海信空调的生产需求。这里，TCP 对标法不仅是一种学习方法，更是一种创新的思维方式。它鼓励企业跳出传统思维的框架，从不同领域汲取灵感，通过不断的学习和改进，实现生产流程的优化和生产效率的提升。

5.2 减少工序提效率

除了对工艺流程进行优化，TCP 对标法还能够减少冗余的工序流程，提高生产制造效率，其具体作用可以分为以下两点（如图 5-3 所示）。一是 TCP 对标法推动零部件的组件化管理，从整体上减少组装的时间，从而提高效率。通过将较小的零部件提前预装或设计成一个组件，企业能够从整体上减少产品组装所需的时间。组件化不仅简化了生产流程，还提高了生产的灵活性和可预测性。这种方法使得生产线能够更快地响应市场变化，快速调整生产计划，从而在竞争激烈的市场中保持敏捷。

二是 TCP 对标法推动生产流程的数字化和信息化，减少不必要的人力成本，为生产工作做"减法"。通过引入先进的信息技术和自动化系统，企业能够减少对人力的依赖，实现生产过程的智能化。数字化工具的使用，如生产管理系统（PMS）、企业资源规划（ERP）和制造执行系统（MES），不仅提高了数据的准确性和可追溯性，还减少了因人为错误而导致的生产延误。"减法"策略通过

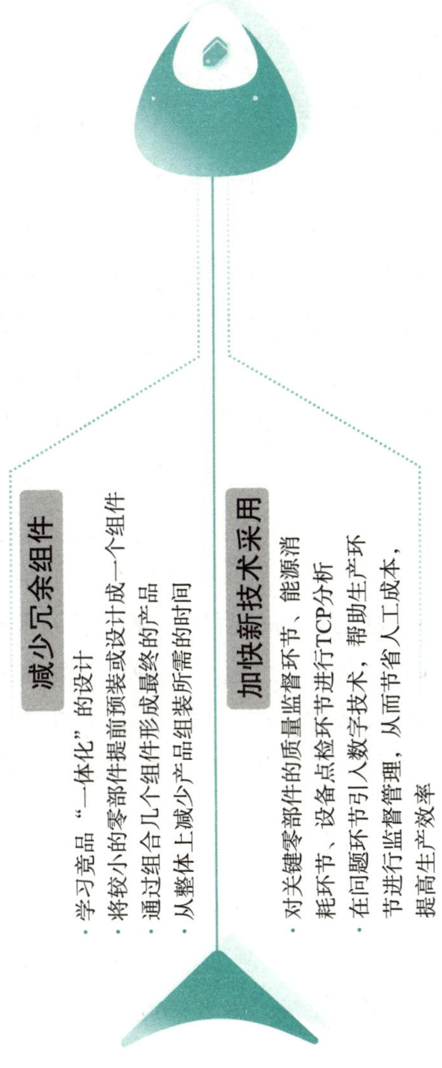

减少冗余组件

- 学习竞品"一体化"的设计
- 将较小的零部件提前预装或设计成一个组件
- 通过组合几个组件形成最终的产品
- 从整体上减少产品组装所需的时间

加快新技术采用

- 对关键零部件的质量监督环节，能源消耗环节，设备点检环节进行TCP分析
- 在问题环节引入数字技术，帮助生产环节进行监督管理，从而节省人工成本，提高生产效率

图 5 - 3　TCP对标法助力减少工序提效率

103

减少不必要的人力成本，可以为企业带来更高的生产效率和更低的运营成本。在接下来的讨论中，我们将举例说明 TCP 对标法如何发挥这两点作用。

1. 部件组件少冗余，生产流程高效率

TCP 团队在与竞品和其他产品对标时发现，部分部件在海信空调的生产中是由多个小零件用螺丝结合加固组成的，而在竞品中却是"一体化"的设计，即一个组件。学习这种设计，海信空调尽可能将相关联的多个零部件直接结合成一个组件，通过组合几个组件形成最终的产品。这样就能省去各个小零件的组装流程，从而减少工序，提高生产效率。

海信空调的风扇百叶生产过程改造便是一个生动的例子。传统的安装方式需要工人逐个安插百叶，并用螺钉固定，这种方法不仅耗时耗力，而且效率低下。然而，TCP 团队通过深入的对标分析，发现了一种更为高效的生产方式。通过对竞品的拆解和分析，TCP 团队发现了一体注塑技术的应用。这项技术通过将风叶和支撑结构设计为一个整体，在注塑过程中一次性成型，将原本分散的部件整合为一个组件。这种创新的设计不仅简化了生产流程，减少了 1～2 个工艺人员的参与，还显著提高了产品质量。一体注塑技术的引入，不仅减少了生产过程中的人工消耗，还通过减少组装步骤，加快了生产速度，缩短了产品上市时间。

2. 数字信息快稳准，生产过程少消耗

将数字化与信息化引入生产过程，可以使原本冗长、复杂、易出错的人工主导生产变成快速、简便、不易出错的技术管理生产。海信空调通过对关键零部件的质量监督环节、能源消耗环节、设备点检环节进行 TCP 分析，发现这几个环节所消耗的人力资源相较于美的、格力等其他大牌空调企业多，且普遍存在人工工时长、装配错误率高等特点。于是，在 TCP 团队的主张下，生产过程引入数字技术，帮助生产环节进行监督管理，从而节省人工成本，提高生产效率。

比如，在进行 TCP 对标分析时，海信空调发现空调产品的包装设计存在改进空间。传统的包装需要模具化设计来实现定位和固定，但这种设计不仅成本高，而且效率低。通过引入自动化的对接技术，海信空调的生产部门成功地去除了模具，实现了生产流程的自动化，大大降低了人力成本。

海信空调引入的视觉引导及自动化应用也是一个很好的例子。在平度工厂 F 外线体，对拆垛上线、压机上线、拔堵、折弯等 12 个工位组织论证。但在项目实施初期，由于行业内借鉴项目少，并且类别不同，行业内自动化设备只适用 1~2 个箱体产品，而 TCP 团队针对海信空调产品特点，认为该设备需要兼容所有产品，通过前期的调研及供方的技术论证，最终在拆垛项目上采用行业最先进的 3D 视觉引导。

比如，通过拍照后自动识别高度及位置，引导机械手

精准抓取产品；在压机上线、拆帽、安检、拆接头项目均采用 2D 相机拍照自动识别计算位置，利用机械手精准定位对接；在激光打标、自动放联机管工位，引入扫码自动识别功能，通过扫描条码信息，自动识别产品，并将关键附件与整机利用 MES 绑定。整个过程几乎做到了零人工，在减少人工成本的同时大大提升了企业的效率（如图 5-4 所示）。

图 5-4　自动化工厂场景图

5.3　成功心法

TCP 对标法在海信空调生产制造环节的成功应用，不仅提升了生产效率，降低了生产成本，还推动了企业持续创新，不断适应市场的变化。整体而言，其成功经验可以总结为以下几点：

（1）工艺流程的深度优化

通过 TCP 对标法，海信空调深入分析了生产流程中的每一个环节，识别出了材料浪费和效率瓶颈。例如，在箱体改造中，通过减少不必要的螺钉使用，不仅减少了材料成本，还缩短了装配时间，提升了装配线的流动性和整体的生产效率。这种工艺优化的实现要求在 TCP 对标分析的过程中，分析的颗粒度要足够细，不能只停留在主要零部件，同时时刻关注最新的产品设计和工艺变革。

（2）跨界学习和技术融合

海信空调的 TCP 团队通过跨领域的学习和技术借鉴，将冰箱的一体发泡技术应用到空调产品中，从根本上解决了漏风漏水的问题，同时减轻了产品重量，提高了产品的市场竞争力。这种跨界学习不仅拓宽了设计和工程团队的视野，还促进了不同产品线之间的技术交流和知识共享，为企业带来了更广泛的创新灵感，可以持续提高企业整体研发创新能力。

（3）数字化与信息化的积极应用

海信空调积极拥抱新技术，主动变革，通过引入先进的数字和信息技术，如 3D 视觉引导和 MES 系统，实现了生产过程的自动化和智能化。这些技术的应用不仅降低了人工操作的复杂性和出错率，还提高了生产数据的准确性和可追溯性。例如，通过视觉引导技术，机械手能够自动识别和精准抓取产品，大幅提高了装配的效率和准确性。学习新技术，恰当应用新技术是企业持续发展的关键。

◈ 管理理论方法

精益制造

精益制造理论起源于 20 世纪的丰田生产方式，是一种以最小资源投入获取最大产出的生产管理哲学。它的核心在于识别并消除生产过程中的一切浪费，通过持续的流程优化，实现更高的价值创造。精益制造强调的是对客户需求的精确响应，通过精简生产流程、减少库存、优化作业方法等手段，缩短产品从设计到交付的整个周期，同时降低成本，提高生产作业效率和企业的经济效益。

◈ 企业管理实践

海信空调的精益制造

在海信空调的管理实践中，精益制造的理念得到了深入的贯彻和应用。通过拓展和应用 TCP 对标法，海信空调不断借鉴竞品和其他产品的先进生产工艺，实现工艺流程的持续改善和优化。这一过程不仅大幅减少了生产材料的消耗和浪费，而且通过精准的流程再设计，提升了生产效率和产品质量。

在工序流程的精益优化方面，海信空调将 TCP 对标法深入应用，识别并消除了生产中的瓶颈和浪费点，实现了生产流程的持续降本增效。通过改进组装工序、组件化产品零部件，海信空调简化了生产步骤，缩短了生产周期，同时在质检监督环节引入数字技术，消除了耗时耗工的冗余工序，进一步精简和完善了生产流程。

此外，海信空调积极运用数字技术改造生产流程，引入自动化技术，消除了冗余的人工操作，有效提升了企业的生产效率并减少了人工成本的浪费。例如，通过 3D 视觉引导和 MES 系统的结合应用，海信空调实现了生产过程中的自动化控制和实时监控，减少了人为错误，提高了生产过程的稳定性和可靠性。

海信空调的这些举措充分体现了精益制造理念的精髓，即通过持续的改进和创新，最大限度地消除生产流程及工序冗余，减少人工及材料浪费。这种以精益为核心的生产管理模式，不仅提升了海信空调的市场竞争力，也为家电制造企业通过精益管理实现降本增效提供了宝贵的借鉴。

第6章
销售与售后服务环节应用场景

在当今竞争激烈的家电市场，海信空调凭借其创新的营销策略和客户服务理念，成功地在销售环节实现了显著的业绩增长。其中，TCP对标法的应用尤为关键。通过将TCP对标法应用于订单分析、客户反馈意见的深入挖掘、国际市场的拓展以及客户信任的建立，海信空调在销售领域尤其是海外市场，取得了显著的成就。本章将深入探讨TCP对标法如何赋能海信空调的销售与售后服务环节，并逐一剖析其具体应用和成效。

6.1 助力订单决策，扭亏为盈

海信空调作为行业佼佼者，不仅在国内市场占据重要地位，而且其海外市场收入占比高达42%。面对多样化的国际市场，海信空调需要对不同市场的订单展开精细化管理。TCP对标法在此过程中发挥着关键作用，它帮助海信空调对海外订单进行深入分析，结合当地市场特点和竞品特征，找到降低产品成本和创新产品设计的机会，进行正确的订单决策，图 6 - 1 展示了常见的应用场景。通过这种方法，海信空调能够优化产品性能，同时降低成本，提高市场竞争力，在不同的市场上实现订单盈利。

1. 分析亏损产品求降本

在全球化经济的浪潮中，空调产业作为家电市场的重要组成部分，近年来面临了前所未有的挑战。国内外疫情的双重打击，不仅对供应链造成了巨大的冲击，也使得市场需求出现了剧烈波动。国内几大空调龙头企业在激烈的市场竞争中不断寻求突破，然而原材料和人力成本的不断攀升，使得空调制造业的利润空间日益压缩。

在国际贸易方面，随着扶持政策的逐步减少和部分地区进出口关税的增加，海信空调的出口利润变得越发微薄，甚至在一些地区出现了亏损。在这样的背景下，海信空调通过采用 TCP 对标法，分析竞品，寻找改进的空间，优化产品定位，成功应对了经营环境恶化带来的困难，实现了成本的有效降低和利润的稳步提升。TCP 对标法通过深入分析订单，帮助企业发现成本降低的潜在机会，从而在困难时期实现盈利。

例如，2020 年，海信空调有意进入伊拉克市场。然而，受到新冠疫情影响，空调小电机的成本在当地持续上升，导致海信空调在该市场的利润几乎为零。面对这一困境，TCP 团队对拆解出的零部件进行了细致的排查，并与

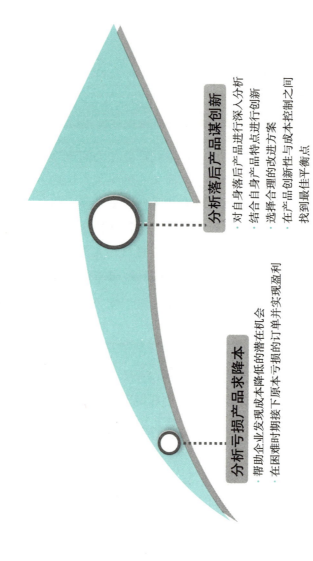

分析落后产品谋创新

- 对自身落后产品进行深入分析
- 结合自身产品特点进行创新
- 选择合理的改进方案
- 在产品创新性与成本控制之间找到最佳平衡点

分析亏损产品求降本

- 帮助企业发现成本降低的潜在机会
- 在困难时期接下原本亏损的订单并实现盈利

图 6-1　TCP对标法助力订单决策

竞品的零部件进行对标分析。他们发现供应商在价格上有降价的空间，于是海信空调与当地供应商进行了谈判，最终成功压低了零部件的采购价格。

同时，在对标过程中，TCP 团队还发现海信空调中有一些固有的配置，如温度传感器，并非当地市场所必需。根据当地的气候条件和消费者需求，这些配置实际上是多余的。因此，TCP 团队建议海信空调去除这些不必要的配置，从而在不牺牲产品性能的前提下，每台空调的成本下降。

同样的情况也曾发生在印度。2018 年，在面对印度整机进口关税提升的情况下，空调的成本压力大幅增加，使海信空调原本薄利多销的变频空调产品入不敷出，那么是否还要继续接受印度市场的订单呢？为此，TCP 团队联合开发部、国际营销部、产品经理部、质量部等，对在印度市场主销的变频空调产品进行了 TCP 分析。通过对当地其他空调品牌竞品进行拆解对比，在优中取优的过程中，海信空调发现有的竞品在成本上有很大优势，但在性能与质量上无法保证，而有的竞品性能优越但是成本很高。

于是 TCP 团队根据对标结果，提出了能够优化成本的产品设计改进建议和方案，包括箱体小型化、风叶轻量化、小缸体压缩机等。这些举措不仅提升了产品性能，还能保证产品成本最优。这使得海信空调推出的新品"质高价优"，在印度市场上一跃成为最火爆的产品，同时产品成本较最初的设计方案下降了 9.4%，并实现了盈利。

这些实例充分展示了 TCP 对标法在帮助海信空调应对经营挑战、优化成本结构、分析订单能否盈利等方面的巨大潜力。通过这种方法，海信空调不仅能够在激烈的市场竞争中保持竞争力，还能在不断变化的国际贸易环境中找到新的增长点，不断拓展国际市场。

2. 分析落后产品谋创新

在当今这个竞争激烈的商业环境中，企业要想在市场中脱颖而出，就必须不断寻求创新与突破。TCP 对标法的核心理念在于"优中选优"，帮助企业在众多出色的产品设计和零部件中筛选出最具潜力与竞争力的部分。

然而，这种方法并非没有局限性，它可能存在一定的滞后性，尤其是在快速变化的市场环境中，通过分析竞品学习到的新技术、新设计可能已经无法满足市场需求了。这就要求企业在应用 TCP 对标法时，不仅仅是学习与借鉴其他产品的技术思路，更重要的是对自身落后产品进行深入分析，结合自身产品特点进行创新，选择合理的改进方案，避免盲目地进行产品改造，否则不仅会大幅增加产品成本，而且未必能够达到预期的效果。

TCP 团队在对落后产品进行分析时，除了关注产品零部件构成中的最佳选项，更要结合产品特点制订各类改进方案，并在其中寻找最佳选项，在产品创新性与成本控制之间找到最佳平衡点。

　　以 2018 年美国空调市场的除湿机（如图 6 - 2 所示）能效升级为例，海信空调在除湿机设计上并不占优势，技术上的滞后导致其市场份额被竞争对手挤占。那么，海信空调是否要模仿竞争对手，生产新型除湿机满足后续订单？然而，TCP 团队在分析竞品并与自身产品对标时敏锐地发现，盲目地购买最新技术进行除湿机替换，会增加产品成本，并不会改善新产品的市场地位，毕竟拥有新型除湿机的竞品已经占据了绝大多数市场。

图 6 - 2　北美除湿机

　　因此，TCP 团队转变思路，通过对市场上竞品的拆解分析，发现了竞品中除湿机设计的共同点——全风道系统的设计思路。这一发现启发了 TCP 团队，他们决定从全风道系统的角度出发来寻求解决方案。通过深入研究，TCP 团队发现现有风扇系统存在风扇直径过大、电机转速较低等问题。于是他们决定改进风扇系统的设计，而不是直接替换整个除湿机。

具体来说，TCP 团队重新设计了风扇，减小了风扇直径，提高了电机转速，使得电机效率提升了 5％，风扇重量减轻了 30％，电机功率降低了 20％，风扇风道系统的成本降低了 8％。这种改进方案实现了成本的大幅降低和性能的显著提升，通过创新风扇系统设计，新订单中产品的市场表现远远超过竞品，海信空调在市场中也从产品追随者变成了产品领先者。

这一案例充分展示了 TCP 对标法在订单决策中应用的巨大潜力。针对落后产品，TCP 团队能够协助销售部门深入分析各个竞品，挖掘出落后产品改进的"难点"和"痛点"，从根源上寻找并创新解决方案，帮助企业选择合理的改进策略，正确决策订单的生产。

6.2　分析客户反馈，快速响应

随着社会经济的不断发展，市场消费升级，现代消费者对于商品品质和使用体验的要求也在不断提高。对于空调产品而言，由于生命周期较长，更迭速度较慢等特点，多数空调产品往往不会做较大幅度的创新，而是选择微创新，也就是在原来的基础上不断地进行迭代改进。而客户的需求决定着产品改进的方向，这就需要企业收集大量的客户反馈信息，精准定位客户需求，并有针对性地改进产品。

在分析客户需求时，海信空调利用 NPS（净客户推荐值）法来了解客户满意度。这种方法类似于客户满意度调查，即客户有多大可能将这个产品推荐给其他用户，推荐数值减去不推荐的数值得出的净值即为净客户推荐值。进一步，需要询问净值为负的客户对产品不满意的原因和改进的建议。每一款新产品上市前都会做 NPS 分析，已上市的产品也会定期进行 NPS 分析。销售部门将结果反馈给 TCP 办公室。TCP 办公室会成立相关的项目组针对反馈的问题进行分析并制订解决方案（如图 6-3 所示）。

在这一过程中，TCP 对标法主要发挥两个作用：一是分析原因并指导研发部门或生产部门对现有产品进行改进；二是挖掘客户的实际需求，指导新品研发的方向。下面我们将结合一些实例介绍 TCP 对标法如何发挥作用。

一方面，TCP 对标法帮助企业分析客户反馈的负面体验是如何产生的，并指导研发部门和生产部门进行改进。一般而言，客户反馈的负面体验往往是在实验室中难以发现的，但在客户的生活工作环境中却会带来困扰。此时，TCP 项目组会进行实地调研，深入产品常见的使用环境中去发现原因，再提出解决方案。

比如，在巴西市场上海信空调的销量一直不佳，根据客户反馈的信息，"性价比低"是客户放弃海信空调的主要原因。然而 TCP 项目组将巴西市场上的本公司产品与其他竞争产品拆解对比后，发现海信空调虽然成本高、定价高，但降温效果却比其他品牌的空调好很多，而能达到相同降温效果的其他品牌空调的定价远远高于海信空调的

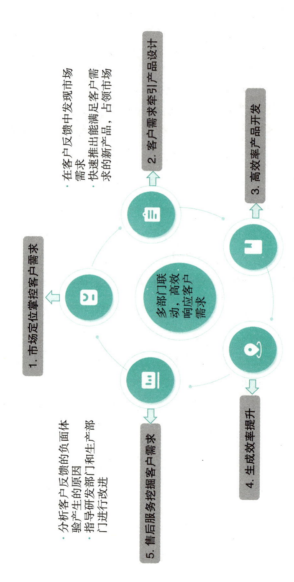

图 6-3 TCP对标法助力快速响应客户反馈

价格，那么何来"性价比低"一说呢？TCP 项目组意识到影响巴西市场产品销量的根本原因也许并不是产品的性能或定价，于是项目组亲临巴西，试图结合当地空调的使用环境寻找真正的原因。

经过一段时间的体验和分析，TCP 项目组发现巴西当地的气温常年稳定在 28～29 摄氏度，当地客户并不需要制冷效果特别好的空调，因此也不愿为此支付更好的价格。也就是说，巴西的客户只需要 3 500W 的空调，而海信空调的产品是按照 35 摄氏度的气温环境设计的，功率高达 3 800W，这在客户看来是浪费电，不但产品价格高，使用中消耗的电费也高，可不就是"性价比低"么！谜团终于勘破，TCP 项目组将原因反馈给生产部门，共同制订改进方案，最终生产制造部门改良了巴西市场产品的控制逻辑和参数，使空调输出最适宜的制冷量，让客户有更好的体验感的同时，更加节能省电。

另一方面，TCP 对标法帮助企业在客户反馈中发现市场需求，快速推出能满足客户需求的新产品，占领市场。这些客户反馈中所体现的"市场需求"有些是现有产品的共性问题，有些是客户的美好期望但受限于当前的技术水平难以实现。此时，TCP 项目组通过分析这些"市场需求"，确定预研方向，由研发部门着手解决。这不但要求TCP 项目组能够将客户反馈的"市场需求"精准定位到需要研发的技术上，还要求研发部门有强大的创新能力和执行力。

例如，2018 年，印度客户在对海信空调使用情况的反馈中提出，变频空调存在耗电量高的问题。而这个问题是变频式空调普遍存在的，不仅是海信空调一家的产品有这个缺陷，那么频繁的客户反馈究竟是什么原因呢？于是，TCP 项目组在印度当地购买竞争对手的同类样机，对样机进行性能测试，在实验室环境和实际环境中都进行能耗测试的模拟来复原数据，通过对各分项数据的多维分析，发现海信空调在运行过程中达到一定温度后更易出现频繁启动、控制温度不精确的情况，而这些就是客户反馈中提到的"功耗较高、室内温度变化大、舒适性较差"的原因。这种使用体验根本无法体现海信空调宣传的"低频、高效、节能"的优势。

于是，TCP 项目组就变频机控制规则与程序和参数标准提出了优化方案，并通过了预研。最终，研发部门解决了变频机在运行过程中频繁启动的问题，功耗降低 17%，房间的温度波动控制在 0.5 摄氏度以内。更重要的是，该产品相较竞品在温控精度上更高，在设定的温度中不仅能平稳运行，还能在风速切换的过程中自动调整。随后，TCP 项目组将升级后的技术应用到了其他变频空调上，进一步提升和改善了用户的使用体验。

再如，中东地区气温比国内高出许多，客户反馈中提到希望空调在短时间内快速制冷，这就需要引入大功率空调，但大功率空调的噪音过大，备受客户诟病。TCP 项目组敏锐地发现，低噪音快制冷的空调是中东地区客户的迫切需求，而市场上尚未有能满足该客户需求的产品。这为海信空调指明了新品研发的方向。

TCP 项目组决定通过研发，升级空调变频技术，从根本上解决噪音问题。先是自主研发了自适应变频控制技术，根据压缩机线圈发热和中东运行环境温度情况，自动调节压缩机驱动参数，实现全频率段效率最优；然后在压缩机低频段，优化了压缩机驱动寻找相位角的方法，使压缩机频率控制更为精确，运行效率更高，功耗相比优化前降低 4%。此次创新从多方面实现了技术突破，使得海信空调的变频技术实现了业界领先。

不难发现，TCP 对标法是根据客户反馈寻找产品设计和生产中的不足，并通过对标竞品的方式解决问题或提出预研方向。这种方法相较于将客户反馈直接传递给研发部门更为高效，能够帮助企业更加及时地调整产品，快速响应客户需求。

6.3 发现新契机，打开国际市场

相较于国内市场而言，国外每个地区的经济发展水平参差不齐，文化信仰千差万别，法律法规各有不同，这些都对海信空调进入国外市场带来了挑战。TCP 对标法帮助海信空调开拓国际市场的方法有两种（如图 6 - 4 所示），一是对比自身与竞品之间的差别，帮助企业寻找新的竞争优势，加以宣传以吸引消费者，借此开拓新的市场；二是通过 TCP 对标法分析特定地区竞品特点，从中快速获得当地客户的需求和偏好，为当地客户进行专门化产品定制，快速推出符合客户需求的新品，以此打入市场。下面将结合实例详细介绍 TCP 对标法在这一过程中的应用。

1. 挖掘新卖点，成功占领市场

在当今空调市场日趋同质化的背景下，消费者对空调的期望已经从单一的制冷需求，上升到对节能、环保以及售后服务等多维度的考量。这种变化为空调行业带来了新的发展机遇和创新方向。海信空调在进入国际市场时，通过使用 TCP 对标法，深入分析竞争对手的产品，挖掘自身产品的优势，并在此基础上进行一定的创新与优化，与竞争对手区分，作为产品的主要卖点占领国际市场。

例如，海信空调在中东市场虽然已经深耕多年，但市场份额一直未能取得突破。TCP 项目组通过对中东市场的竞品进行拆解分析，发现所有竞品均为变频空调，这在中东市场形成了一种固有的认知模式。由于当地消费者对变频空调有着较高的期待，海信空调推出的定频空调产品难以吸引他们的关注。然而，变频空调在超高温环境下的室外机容易自发停机，无法满足制冷需求，这也是海信空调在中东市场未推广变频空调的主要原因。

TCP 项目组在深入分析竞品性能后，认为如果可以解决技术问题，那么变频空调有望成为海信空调在中东市场的突破口。随后，TCP 项目组针对中东市场的客户需求，研发并升级了海信空调的变频技术，使得海信空调在产品设计和性能上远超同类产品，并以此成功占领中东市场。

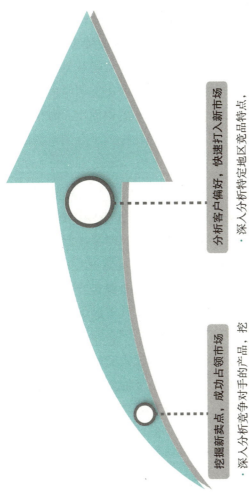

分析客户偏好，快速打入新市场
- 深入分析特定地区竞品特点，快速捕捉当地客户的需求和偏好
- 当地市场提供专门化的产品定制，迅速推出符合客户需求的新品
- 以差异化定制服务打入市场并占据市场份额

挖掘新卖点，成功占领市场
- 深入分析竞争对手的产品，挖掘自身产品的优势
- 在此基础上进行一定的创新与优化，与竞争对手区分
- 以此作为产品的主要卖点，占领国际市场

图 6 - 4　TCP对标法助力寻找打开国际市场新契机

123

随后在 2013 年，欧盟实施 ERP 能效标准，所有未能达到标准的定频空调产品被迫退出市场。而海信空调凭借先前为进入中东市场而自主研发的自适应变频控制技术，不仅在节能方面取得了显著成效，还在降低噪音等方面实现了技术突破。这项技术的应用，使得海信空调不但符合能效标准，还能在众多变频空调产品中脱颖而出。海信空调大力宣传自身的产品优势，借此成功抢占了欧洲市场的先机。

此外，通过使用 TCP 对标法，海信空调还将外销产品的竞争优势迁移到内销产品上，进一步占领国内市场。比如 2019 年，TCP 项目组对越南市场的产品进行了深入拆解分析。他们发现，两款 9k 和 12k 的定速空调产品，相较于内销产品具有明显优势。优势主要源自产品采用了 R32 环保制冷剂和创新的箱体设计，实现了最优化的产品布局。此外，该产品还采用了新研发的平台箱体和高热密度换热器等先进技术，展现出较高的成本竞争力。鉴于越南和中国南方市场在电源、使用环境及能效要求上的相似性，TCP 项目组决定将这一产品推广至国内市场，该产品一举成为当年的热销产品。自此，海信空调成立了专门的内外销产品转化小组，实现了产品的快速派生开发，并成功投放市场，为公司带来了显著的经济效益。

2. 分析客户偏好，快速打入新市场

在当今全球化的市场环境中，面对目标市场的高饱和度，企业若想实现持续增长，单靠传统的销售策略显然不

足以支撑其发展。差异化定制服务，即针对特定客户群体的个性化需求进行产品开发，成为企业突破瓶颈、打入目标市场的关键路径。海信空调正是通过 TCP 对标法，深入分析特定地区竞品特点，快速捕捉当地客户的需求和偏好，从而为当地市场提供专门化的产品定制，迅速推出符合客户需求的新品，成功打入市场并占据市场份额。

例如，在日本这一成熟且竞争激烈的市场中，空调技术的发展一直处于全球领先地位，本土品牌如大金、松下、三菱等均是行业内的技术翘楚。对于中国空调企业而言，想要凭借独立技术研究和自主品牌开发进军日本市场，无疑面临着巨大的挑战。

于是，海信空调通过 TCP 项目组的深入市场调研和竞品分析，首先获取目标市场的客户偏好。海信空调的 TCP 项目组深入日本市场，通过实地考察和竞品拆解，详尽了解了日本用户的使用习惯、常见的技术标准（如室内机尺寸需小于 800mm）以及市场竞争态势。这些宝贵的第一手资料，极大减少了客户调研的工作量，避免了在产品开发过程中走弯路，提高了定制化发展的效率和精准度。

项目组回国后，基于对日本市场的深入理解，进行了大量技术研究和攻关工作。他们针对日本市场的用户需求，全新开发了室内机箱体、室外机箱体、制冷系统、电控系统及遥控器，并根据当地用户的使用习惯，开发了全新的控制逻辑（如图 6-5 所示）。这一系列创新举措不仅体现了海信空调对客户需求的深刻洞察，也展现了其在技术研发和产品创新上的强大实力。

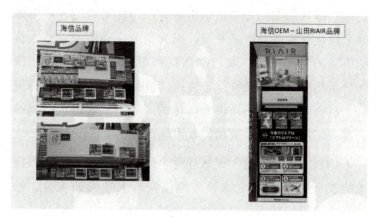

图 6 - 5　日本市场上的空调产品

最后，经过公司上下的共同努力，海信空调的 8k、9k、10k 产品于 2019 年 3 月成功以自主品牌在日本市场上市，海信成为中国首家以自主品牌产品在日本市场取得成功的空调企业。这些产品不仅获得了当地经销商的高度认可，更赢得了广大用户的赞誉和认可。一些用户甚至通过信件表达对海信空调产品的赞美之情，这无疑是对海信空调依托 TCP 对标法实施定制化发展战略的最大肯定。通过 TCP 对标法的精准分析和定制化发展战略，海信空调不仅在日本市场取得了突破，更为其在全球市场的拓展奠定了坚实的基础。

6.4　对标结果可视化，赢得客户信任

如何赢得客户信任和认可是企业进入新市场的必要条件，TCP 对标法在这一过程中也能够发挥作用（如图 6 - 6

所示）。具体而言，就是 TCP 团队利用直观的性能对比，让客户能够实实在在地感受到产品的好；然后通过拆解竞品，与自身产品进行现场比对与解释，告诉客户好在哪里。这种方法一方面用于打入国际市场，让国外消费者认可中国企业的产品，另一方面也用于让没有专业知识的消费者理解产品的优势，有时也用于企业竞标。下面将逐一介绍这些应用的具体实例。

方式　　在销售现场，通过拆解竞品，与自身产品进行比对

目的　　用数据向客户直观展示产品性能优势

常见应用场景
· 让国外消费者认可中国企业的产品
· 让没有专业知识的消费者理解产品的优势
· 竞标国家项目

图 6 - 6　TCP 对标法助力赢得新客户信任

海信空调在进入国际市场时，外国消费者一开始并不信任中国的企业，担心质量低劣，性能落后。于是，TCP 项目组将海信空调与当地市场上其他产品的性能数据对比以可视化的方式呈现出来，由销售人员向客户进行讲解展示，直观地体现海信空调"质高价低"的优势。

此外，在国内市场，这种方法也有助于海信空调推广新型产品。海信空调的变频空调由于定价高，在国内市场一直打不开局面。很多消费者认为，同样的制冷效果，变频空调却比其他产品的定频空调价格高出很多。消费者产生这样的困惑，深层的原因是消费者缺乏对变频的了解，并不能很直观地感受到变频究竟好在哪里，又为什么这么贵。

TCP 项目组想出了一个有趣的实验，能够直观地展示海信空调相对于竞品的优势。他们从友商处购买了几款竞品，分别在每个空调上竖一枚一元钱硬币，如果空调振动低，硬币就可以立在那里，而如果空调振动高，硬币就立不起来。实验的结果是，海信空调的变频空调上的硬币稳稳当当，而其他空调上的硬币早在空调开机时就倒下了。这样一来，消费者就能明白变频空调振动低。那么振动低为什么就好呢？因为振动小噪音就小，而且可以更加省电。为了更加直观地呈现省电的效果，TCP 项目组又在每台空调旁边安装了一个电表，让客户直接看电表的变化，结果海信空调的变频空调电表变化明显慢于其他空调，这也让消费者真正看到了变频空调的优势。

还有一次，海信空调参与"家电下乡"活动发现，由于当地农村普遍电网容量不足，当用电人数增多时，分到每家每户的电网电压就会很低，导致空调不能启动。而变频式空调具有可以降压的优点，于是海信空调在每一台空调旁边安装变压器，让乡亲们亲自测试。当电压低于 146 伏时，海信空调的变频产品依旧可以运作，而其他定频空调在 160 伏就停机了，这就让乡亲们了解到变频空调在低电压下依旧可以运行，这样海信空调的产品自然更易获得乡亲们的认可。

借鉴 TCP 对标法的理论思想，海信空调在竞标国家项目时，也通过可视化对标结果的方式，收获更多的认可和信任。例如，2016 年，国家大力发展煤改电项目。对于空调行业来说，煤改电的政策红利也激励着它们进行研发创新。其中，海信空调旗下的科龙中央空调在激烈的竞争中，中标了多个京津冀地区的煤改电项目。取得这样的成功，离不开海信空调对 TCP 对标法的应用。

在竞标之初，海信空调就深入考察北方环境，发现北方低温环境下，空调的制热效果很差，主要原因是空气的流量较少，导致集中供热不足。于是，海信空调在原空调燃气轮机的设计上增加了补气增焓，其原理是通过向空气中注入热气体（如蒸汽或热水），来增加空气的焓值（即热量）。这种方式通常通过热交换器实现，将热气体与空气进行热交换，使空气的温度升高。海信空调在提高制热效果上下了不少功夫，但要让招标方了解到海信空调这个独有的优势，仅仅靠几句宣传词未必可行。

于是，TCP 项目组在招标前就做好准备，先是将竞品拆解开，事先对竞品的制热原理有大致了解，随后在招标时，现场直接亮出海信空调产品与其他产品在制热设计上的不同之处，最后用深入浅出的语言向招标方描述补气增焓的原理。TCP 项目组从专业的角度解释了为什么增加了补气增焓后，海信空调在制热效果、经济性能、舒适安全等方面比其他空调更有优势，最终赢得了招标方的信任。

总之，TCP 分析法的思想帮助企业通过展示自己产品和竞品的性能数据对标结果，从专业的角度为客户分析并展示产品的创新设计与高质量，最终获得客户的认可和信任。

6.5　成功心法

（1）海信空调的销售与售后服务环节同时与下游客户价值链紧密相连

海信空调一方面在销售环节与渠道商相联系，在打开市场的同时获得市场最新的需求动态；另一方面在售后服务环节与最终用户直接联系，利用客户满意度调查获得客户体验的一手信息，及时掌握客户需求的新动向，直接服务于客户，这样得到的信息更加完整准确，为团队的后续研发与改进提供了许多思路。

（2）通过 TCP 对标法，将销售与售后服务环节与研发设计环节相联系，形成内部价值链的闭环

通过在下游价值链中对客户需求的发现和管理，海信空调的销售与服务端将信息汇总，由 TCP 项目组分析并反馈给研发设计端，从而帮助海信空调更及时地分析客户需求的变化并迅速做出响应。有时，这种反馈会存在滞后效应，海信空调会及时转变策略，利用自身海外经营的大量经验来分析客户订单，结合当地消费者风俗文化与气候特点，将问题细化，追踪到各零部件上，有目标地对其进行创新优化，从而提高了研发效率，节省了大量研发成本。

（3）海信空调在销售与售后服务环节搭建数据化对标平台，提高客户对产品的信任度

海信空调在销售时不单单靠口号来赢得消费者的青睐，更多地是让消费者亲身体验到海信空调产品性能好，让消费者实实在在地看到好在哪里。同时，数据化对标平台在向客户进行推广时，将理论知识转化为通俗易懂的语言，与消费者进行面对面的沟通交流，拉近了消费者与产品间的距离。如此一来，客户用自己的亲身体验"证实"了海信空调所宣传的优势，也就提高了对海信空调的信任度。

（4）"技术立企"的企业文化推动海信空调在销售与售后服务环节将风险转化为机遇

无论经营环境如何恶劣，海信空调都努力将风险转化为机遇，其核心在于海信空调面对困难时勇于创新，不断进行技术突破，在使用 TCP 对标法发现问题、学习竞品的同时，致力于技术迭代、优化创新，而不是简单的模仿。

◆ 管理理论方法

客户关系管理

客户关系管理（CRM）是一种企业战略，它通过获取和分析客户信息，了解客户的行为和偏好，从而提供定制化的产品和服务。这种战略不仅关注满足顾客的即时需求，更致力于建立长期的客户关系，实现顾客价值与企业收益的双重最大化。

国际市场开拓策略

国际市场开拓策略是企业在全球范围内实现可持续发展的关键。这一策略要求企业深入分析不同国际市场的环境特点，结合自身的核心竞争力，采取最符合扩张目标的产品营销战略，以系统性的方法成功进入并扎根于目标市场。在这一过程中，产品定制化战略相较于规模化生产的产品标准化战略，更有助于发展中国家的企业占领市场，走向国际。产品定制化战略指的是根据客户的具体需求和偏好来设计和生产产品。这种战略的核心在于提供个性化的产品或服务，以满足不同客户的特定要求，从而提高客户满意度和忠诚度。

◆ 企业管理实践

海信空调的客户关系管理

海信空调在实施客户关系管理方面采取了一系列创新措施。首先，海信空调深入研究不同国际市场的环境和客户需求的多样性，利用 TCP 对标法分析客户订单，精准识别客户的差异化需求和习惯偏好。通过锁定客户需求，海信空调能够提供专门化的定制产品，减少不必要的资源配置，同时培育与客户的良好关系和信任基础。在为客户创造价值的同时，海信空调也实现了自身的技术升级。

其次，在客户满意度调查的基础上，海信空调 TCP 项目组进一步深入剖析客户的反馈，甚至亲临客户投诉现场，精准识别售后问题背后的真正原因。这些原因和推荐的解决方案被反馈至生产和设计等部门，由它们实施工艺改良与设计优化，以有针对性地满足客户需求。这样的做法不仅消除了客户后续的购买顾虑，还减少了生产资源和信息资源的浪费。

此外，海信空调还结合 TCP 对标法与实地展示，通过趣味实验、客户亲自参与调试，在销售终端向客户直观展示自身产品相较于其他竞品的优势。这种互动体验不仅为客户创造了体验价值和使用价值，还提高了客户对海信空调产品的信任度。

海信空调以客户为核心的战略，不仅为家电制造企业在突破市场份额瓶颈和推广新产品方面提供了启发和借鉴，也展示了客户关系管理在现代企业运营中的重要性。通过持续优化客户体验，海信空调将不断巩固和扩大其在全球市场的竞争力。

海信空调的国际市场开拓策略

海信空调在国际市场开拓中，采用的便是产品定制化战略。它将 TCP 对标法应用于目标市场的订单分析和客户反馈分析。通过这种方法，海信空调能够根据产品在不同使用环境下的表现以及客户的差异化需求，制订出符合当地客户需求的产品设计方案。这不仅有助于消除资源浪费、降低成本，也有助于订单决策和产品销售。

海信空调通过应用 TCP 对标法分析客户差异化需求，并有针对性地优化产品设计和生产方案，支持了其产品定制化的国际市场开拓策略。这种策略不仅有助于海信空调在海外市场实现销售量的突破式增长，也为家电制造企业打破海外市场竞争激烈的困境提供了重要的启发和借鉴。

第 7 章
跨界 TCP 对标法

2021 年 5 月 31 日，海信家电发布公告称，其已完成收购日本三电控股株式会社（简称日本三电）的股权交割手续，以 214.09 亿日元（约 13.02 亿元人民币）认购日本三电定向增发的 83 627 000 股普通股股份，持有约 75％的表决权，正式成为日本三电的控股股东。自此，海信家电将以日本三电为核心公司进入汽车空调压缩机和汽车空调产业，并通过技术、供应链、人才和生产制造等资源共享，增强日本三电的盈利能力。据 2024 年公告披露，日本三电已扭亏为盈，2023 年收入 91 亿元，其中 2023 年签单额同比增长 43％。在这一过程中 TCP 对标法被引入汽车空调领域，经过不断的改良和调整，TCP 对标法的跨界应用极大推动了海信三电的降本增效进程。

7.1　初入汽车空调行业

2021 年 5 月海信家电收购日本三电后，在整合过程中面临的最大挑战便是降本增效，提升收益。为实现这一目标，海信家电决定将 TCP 对标法引入收购后的三电企业。考虑到中国和日本的文化差异，海信家电从海信空调中抽调最早接触应用 TCP 对标法的人员进入海信三电推动降本工作。图 7－1 展示了收购后海信三电的组织架构图。

推行 TCP 对标法的第一件事便是"统一思想"，即让原日本三电的管理者认可 TCP 对标法，了解它的优势和潜力。于是海信三电内部召开研讨会，双方分别介绍管理中所使用的降本方法。来自海信的团队发现原日本三电使用的降本方法是大多数车厂采用的价值工程法（VAVE），但年降本率不足 1%，远远低于 TCP 对标法的表现。但原日本三电的管理者并不直接接纳这项新的管理工具，提出了诸多质疑，比如，TCP 对标法在家电行业的表现能复制到汽车行业吗？由于来自海信的团队确实没有 TCP 对标法在汽车领域应用的案例，而汽车空调行业又有很多专业知识是该团队尚未了解的，一时之间无法说服原日本三电的管理者使用 TCP 对标法，降本工作陷入了僵局。

这时海信团队向原日本三电的管理者介绍了一个软件，该软件由海信家电内部开发，嵌入 TCP 对标法的应用逻辑，通过输入后台所需数据，能够自动快速计算 TCP

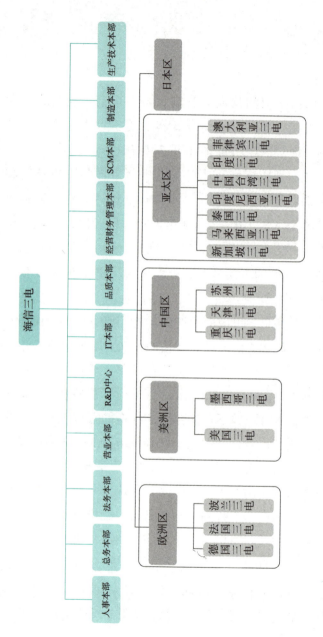

图 7 - 1 海信三电组织架构图

软件使用界面

对标法的结果，展示潜在的降本空间和降本点（见二维码"软件使用界面"）。例如，用户可以输入或更新不同地区的人工费用等数据，软件会根据这些信息进行成本计算，设计优化人工成本。当然用户可以检验软件分析结果的准确性和可行性。

原日本三电的管理者对这个软件很感兴趣，他们掌握专业知识，可以将各种成本信息输入软件后，验证分析结果的准确性和可行性。于是海信团队决定先让原日本三电的管理者试用一下这个软件，看看 TCP 对标法到底能不能够帮助他们降本 20%。经过一个月的摸索和使用，原日本三电的管理者终于认可了 TCP 对标法。于是，海信三电从海信家电集团正式购买了该软件，开启了 TCP 对标法降本之路。

2021 年 7 月，海信三电成立 TCP 项目组，以 PX 系列产品为试点，应用 TCP 对标法分析降本空间，并开展降本工作。该项目组由研发人员、财务人员和生产人员组成。通过与竞争对手比较、优中选优、去除耦合等步骤，项目组学习了先进技术，调整了产品设计，优化了采购成本。

截至 2021 年底，PX 系列产品成功降本 17%，并且降本举措已经扩大到欧洲区的 PX 系列产品上。PX 系列产品已经生产了几十年，降本工作也做了几十年，在 TCP 对标法下仍然有如此大的降本空间，这大大鼓舞了 TCP 项目组，也让越来越多的日本管理者和员工接受了这种新的降本方法。此后，TCP 对标法在海信三电中得到广泛的推广。

7.2　调整 TCP 对标法

为全面应用 TCP 对标法实现降本增效，海信三电成立全球技术办公室（Global Technical Office，GTO），专门负责 TCP 对标法的应用和推广。2022 年初，海信三电正式将改良后的 PX 系列产品推向客户，即汽车生产商（主车厂），却遇到了意想不到的困难。不同于家电行业，汽车空调只是汽车的零部件之一，生产企业能否进行产品的更新换代需要得到主车厂的同意和认可，因为对于车厂而言，同一系列的车品需要由稳定且一致的零部件组成，并且更改一个零部件很可能带来其他零部件的调整。经过交涉，海信三电只能在每年固定的窗口期内提出更换产品（比如，尼桑汽车给出的窗口期是 5～7 月，只在这几个月中接受新的产品），并且要承担新产品的验证费用，通过降本实现的收益还要与车厂平分。

这样一来，海信三电使用 TCP 对标法降本后，能获得的真正收益大幅缩水。即便这样，仍然有一些车厂不愿意使用海信三电提供的新产品，比如大众汽车因其车型繁多，调整成本高，一直不愿意更换零部件，而车厂的坚持迫使海信三电不得不提供成本较高的零部件。发现这些问题后，海信三电 GTO 决定改良 TCP 对标法，调整其应用流程，使其更适用于汽车空调行业。总体而言，GTO 对 TCP 对标法做了以下三方面的调整（见图 7-2）。

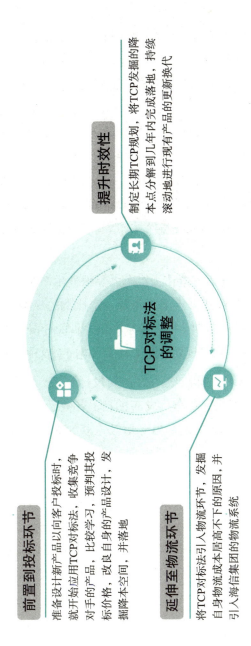

提升时效性

制定长期TCP规划，将TCP发掘的降本点分解到几年内完成落地，持续滚动地进行现有产品的更新换代

前置到投标环节

准备设计新产品以向客户投标时，就开始应用TCP对标法，收集竞争对手的产品，比较学习，预判其投标价格，改良自身的产品设计，发掘降本空间，并落地

延伸至物流环节

将TCP对标法引入物流环节，发掘自身物流成本居高不下的原因，并引入海信集团的物流系统

TCP对标法的调整

图 7 - 2 TCP对标法在汽车空调行业中的调整

139

一是提升 TCP 对标法应用的时效性。由于主车厂在一年中只给出固定的 2～3 个月作为产品更换的窗口期，海信三电必须在窗口期内完成产品的更新，但经过 TCP 分析后发掘的降本点很难恰好在窗口期内完成落地。于是，GTO 提出制定长期 TCP 规划，将 TCP 发掘的降本点分解到几年内完成落地，当年只完成一部分降本工作，形成产品的 1.0 版本，次年再完成一部分降本工作，迭代到产品的 2.0 版本，依此类推。随着时间的推移，TCP 对标法可以持续应用，不断发掘降本点，持续滚动地进行现有产品的更新换代。

此外，由于海信三电作为汽车的零部件生产商与主车厂签订的合同中要求其每年都要降低一定比例的成本（比如，与大众新签订的五年期合同，要求海信空调每年降低产品成本 5%），长期的 TCP 规划有助于海信三电应对这种压力。

二是将 TCP 对标法应用前置到投标环节。GTO 提出在海信三电决定投标主车厂发布的新品招标公告时就要进行 TCP 分析。也就是说，当海信三电获知客户招标公告，准备设计新产品以向客户投标时，就开始应用 TCP 对标法，收集竞争对手的产品，比较学习，预判其投标价格，改良自身的产品设计，发掘自身产品的降本空间，并尽力落地。在向客户投标时，海信三电提供的产品是已经完成 TCP 对标，并优化升级后的最新产品，不但在性能上具有竞争优势，还能够在保有一定利润的同时给出极具性价比的投标价格。

这种做法不但能帮助海信三电在众多的投标公司中脱

颖而出,提高中标概率,还能使海信三电获得更多的降本收益。不同于对已有产品进行更新换代,海信三电在投标主车厂提供新品时,产品的验证费用由主车厂承担,并且主车厂无法要求平分降本收益。同时由于主车厂并不了解产品的真实成本和降本空间,海信三电在与其签订合同时,对年降本率的确定就拥有较大的议价空间。

整体而言,相比于在产品中标后再进行 TCP 对标分析降低成本,前置 TCP 对标法应用到投标环节,虽然在中标前就要花费大量的人力物力开展对标分析并改良新品,存在一定的不确定性,但这种方式确实能够让海信三电在 TCP 应用中获得更多的降本收益。

三是将 TCP 对标法应用延伸至物流环节。GTO 不仅在研发、采购、生产、销售等几大价值链环节上关注产品成本的降低,还在对标中发现,海信三电的物流成本高得惊人。于是 GTO 决定将 TCP 对标法引入物流环节,通过与海信空调以及其他竞争对手进行对标,分析自身物流成本居高不下的原因,并制订解决方案。

经过更深入的了解,GTO 发现,不同于家电企业,汽车零部件企业对"保供"的要求更高,如果海信三电不能及时地给主车厂供货,每耽误 1 分钟就要被罚款 1 000 美元。为了保障及时供货,海信三电往往会采用空运方式,有时甚至是加急运输,导致物流成本直线上升。此外,海信三电内部没有设置滚动的生产计划,往往是单纯听从主车厂的安排,导致自身准备不足,生产时间紧张,最后为保障供货不得不使用昂贵的运输方式。通过与海信空调的物流管理对标，GTO 发现海信三电的内部物流成本很高，即半成品在各个车间之间的流转频率和重复性较高，而这些属于非增值作业，是应当尽量消除的。

发现这些问题之后，海信三电引入了海信集团的物流系统，该系统经过近 20 年的建设、迭代、更新、优化，已经十分成熟。通过该物流系统，海信三电优化了货物的内部流转路线、包装方式、运输方式（比如空运还是海运、线路选择、运输公司的选择等），并且建设了滚动生产预测体系，提前进行生产准备，避免加急运输。最终，TCP 对标法在物流环节帮助海信三电汽车空调降本 3%。

经过一系列的调整，海信三电在原有 TCP 对标法的基础上，结合汽车零部件企业的特点，进一步拓展了该方法：不但将以往一揽子式的 TCP 对标分析转化成更具时效性的长期滚动 TCP 分析，还将 TCP 分析法的应用从经典的价值链各环节（研发、采购、生产、销售）拓展到前置投标环节，后延物流环节，更符合汽车零部件行业特点的全价值链上。

7.3　渗透供应链降本

随着汽车行业竞争加剧，主车厂对零部件企业的降本目标设置得越来越高。2023 年国内的主车厂已经要求海信三电的年降本率达到 13%。面对如此高的降本目标，仅凭海信三电自己已经无法实现，于是海信三电决定将 TCP 对标法推广到自己的供应商中，联合降本（如图 7-3 所示）。

图 7 - 3 TCP对标法下的供应链联合降本

　　类似于当年惠而浦向海信空调传授 TCP 对标法，海信三电也在自己的供应商中推行这一方法。除了帮助发现降本点，谈判采购价格等常规方式外，海信三电还探索了一种新的降本方式。在与供应商进一步交流后，海信三电发现在自己的这些供应商中材料的采购成本普遍较高。比如，海信三电生产的汽车空调，需要向汽车电机供应商（即汽车的二级供应商）采购小电机，小电机的生产需要采购鼓风机，这种鼓风机也是家用空调生产所需要的，然而通过对比，海信三电发现海信空调采购鼓风机的价格远低于该汽车电机供应商的采购价格。这主要是由于汽车电机供应商的采购量较小，一般在 100 多万台，导致单价较高，而海信空调的采购量每月可达 1 000 多万台，自然能够获得更低的采购价格。这种情况也存在于其他的汽车二级供应商中。

　　于是，海信三电提出，由海信空调帮助这些二级供应商统一采购原材料或零部件，由于海信空调本身的采购量巨大，能够压低采购价格，就能帮助这些二级供应商降低材料采购价格，从而降低产品成本，也就降低了向海信三电的供货价格。通过这种方式，海信三电帮助二级供应商降低了超过 20％的采购成本。

　　在向供应商推广 TCP 对标法时，海信三电还将家电空调中一些零部件的设计和技术跨界应用到汽车空调中。比如，海信三电在帮助汽车电机供应商进行 TCP 分析时，除了与同行业的竞争对手对比，还与海信家电空调的电机供应商对比，发掘了 20％的降本空间，最终帮助汽车电机供应商降本 6％。这种情况屡见不鲜，海信三电不断促进汽车空调供应商与家电空调供应商对标，相互学习借鉴新技术、新设计，在两个行业及供应链中不断应用 TCP 对标法，形成降本生态。

现在在海信三电中流传着这样一句话："降本 3％是不可能的，但降本 30％是可以的。"这种降本的理念来自组织创新降低的采购成本，跨界创新突破的技术瓶颈，设计创新提升的生产效率。截至 2024 年上半年，海信三电在中国区的产品已经降本 6％，未来海信三电将在整个供应链上进一步推广 TCP 对标法，从生态协同的视角开展降本工作。

7.4 成功心法

1. 以试点的形式推广创新性的管理工具或管理理念

海信家电收购日本三电后，面对降本增效的挑战，公司采取了以试点形式推广创新性管理工具 TCP 对标法的策略。通过在 PX 系列产品上先行应用，TCP 项目组结合中日双方的专业知识，通过优中选优和去除耦合等步骤，实现了显著的降本效果。这种试点推广不仅验证了 TCP 对标法的适用性和有效性，还逐步赢得了日本管理者和员工的广泛认可。试点的成功不仅为海信三电带来了直接的经济效益，也为公司内部推广新的管理理念提供了有力的实践支持和信心。这一过程证明了以试点形式推广创新性管理工具或理念，是完成企业转型整合的重要途径。

2. 摸索行业特点，调整 TCP 对标法，实现跨界应用

海信三电在面对汽车空调行业的独特性时，通过深入摸索行业特点，对 TCP 对标法进行有针对性的调整和优化，成功实现了该管理工具的跨界应用。首先，针对汽车生产商对产品更新换代的严格限制，海信三电调整了 TCP 对标法的应用时效性，通过制定长期的 TCP 规划，将降本点分解到几年内完成，以适应车厂的窗口期，确保产品更新的连续性和时效性。其次，海信三电将 TCP 对标法前置到投标环节，提前进行对标分析和产品优化，以更具竞争力的性价比投标，提高了中标概率，同时避免了与车厂平分降本收益的风险。最后，海信三电还将 TCP 对标法应用延伸至物流环节，通过优化物流系统和生产预测体系，显著降低了物流成本。这一系列调整不仅提升了 TCP 对标法的应用效果，也体现了海信三电在跨界应用 TCP 中的创新能力和灵活性，为其他行业应用 TCP 对标法提供了参考。

3. 搭建全产业链降本生态，协同降本

海信三电在面对汽车行业日益增长的降本压力时，采取了全产业链降本的策略，成功构建了一个协同降本的生态。通过将 TCP 对标法推广至供应商，海信三电不仅帮

助它们发现降本点，还通过统一采购原材料或零部件，利用海信空调的大规模采购优势，显著降低了供应商的材料采购成本，实现了超过 20％的降本效果。此外，海信三电还促进了汽车空调供应商与家电空调供应商之间的技术与设计对标，跨界应用创新，进一步挖掘降本空间。这种全产业链的降本生态不仅提升了供应链的整体竞争力，也为海信三电带来了显著的经济效益，体现了协同降本的强大力量。

◈ 管理理论方法

管理创新的推广和演进

管理创新的推广和演进是一个系统过程，需要考虑以下几个步骤。首先，构建创新推广团队：组建一个跨部门的团队，包括管理层和基层员工，确保创新活动能够覆盖组织的各个方面。其次，开展培训和教育：对团队成员进行培训，提高他们对新管理理念和技术的理解，增强他们的创新能力，并由团队成员在企业内部开展培训和宣传。然后，进行试点验证：在小范围内进行试点，测试新的管理方法或技术的有效性，收集数据和反馈，以便进行调整。之后，对试点结果进行评估，根据反馈进行优化，确保管理创新能够带来预期的效益。最后，全面推广：在确认试点成功并完成优化后，将管理创新全面推广到整个组织。之后，还要进行持续的改进，并形成组织文化。

管理创新是一个持续的过程，需要定期回顾和评估，以适应不断变化的环境。在整个推广过程中，保持与员工的沟通，鼓励他们参与和反馈，以提高创新的接受度和成功率。同时，建立一种支持创新的组织文化，包括对创新尝试的奖励和认可，以及对失败的宽容。通过对管理创新的使用和不断探索改良，推动管理创新的演进。

◆ 企业管理实践

海信空调的管理创新推广与演进

　　海信三电推广和应用 TCP 对标法的案例，展现了一项管理创新在组织内部和供应链中的推广和演进过程。整体而言，TCP 对标法在海信三电中的推广和演进经历了以下几个关键步骤。

　　一是文化和思想统一。海信三电通过内部研讨会，让原日本三电的管理者认识到 TCP 对标法的优势和潜力。确保所有团队成员对新方法有共同的理解。

　　二是引入和试点。海信三电在收购日本三电后，面临降本增效的挑战。为引入 TCP 对标法，公司在 PX 系列产品中进行试点。通过项目组的跨部门合作，海信三电成功实现了产品的显著降本。这是推广管理创新的关键一步，确保所有团队成员都认可新方法。

　　三是调整和改进。面对汽车行业的特定要求，海信三电对 TCP 对标法进行了调整，以适应汽车空调行业的特点。这包括制定长期规划、前置到投标环节以及延伸至物流环节。

四是组织结构支持。海信三电成立了 GTO，专门负责 TCP 对标法的应用和推广，确保了管理创新在组织中的系统性和持续性。

五是跨部门和跨界合作。海信三电通过跨部门合作，以及与海信空调等其他业务单元的跨界合作，实现了资源共享和技术互补。

六是建立降本文化。海信三电通过理念传播，建立了一种鼓励降本和创新的企业文化，为管理创新的推广提供了文化支持。

通过这些步骤，海信三电不仅在内部成功推广了 TCP对标法，还将其影响力扩展到了整个供应链，实现了全价值链和产业链的降本增效。这一过程体现了管理创新在组织中的演进，从试点到全面推广，再到持续优化和文化建设，海信三电的管理创新实践为其他企业提供了宝贵的参考。

参考文献

崔淼，李鑫，苏敬勤．管理创新研究的国内外对比及其启示．管理学报，2015，12（7）：948-956.

Dekun Wang, Deyong Zhang, Jun Chen. 导入全价值链成本管理工具，变革企业计划与物流管控全流程：重庆长安工业精益生产经营方式的案例实践．中国管理会计，2018（1）：86-95.

冯华，聂蕾，海峰．信息共享水平与供应链能力的相互作用关系研究：基于社会控制的中介效应．南开管理评论，2018，21（4）：85-92.

穆林娟，贾琦．价值链成本管理为基础的跨组织资源整合：一个实地研究．会计研究，2012（5）：67-71，94.

清水信匡，戴婷婷，王平．日本目标成本管理的特点与变迁．中国管理会计，2019（3）：114-121.

沙秀娟，王满，钟芳，等．价值链视角下的管理会计工具重要性研究：基于中国企业的问卷调查与分析．会计研究，2017（4）：66－72，96.

屠兴勇，王泽英，张琪，等．基于动态环境的网络能力与渐进式创新绩效：知识资源获取的中介作用．管理工程学报，2019，33（2）：42－49.

王永贵，洪傲然．千篇一律还是产品定制："一带一路"背景下中国企业跨国渠道经营研究．管理世界，2020，36（12）：110－127.

王钰莹，原长弘．产学研融合管理策略与关键核心技术突破．科学学研究，2023，41（11）：2027－2037.

吴红蕾，赵旭，沈圣喆．基于 TRIZ 和精益管理的质检优化模型研究．工业技术经济，2017，36（4）：69－74.

吴小节，谭晓霞，汪秀琼，等．新兴市场跨国公司国际扩张：知识框架与研究综述．南开管理评论，2019，22（6）：99－113，199.

杨永恒，王永贵，钟旭东．客户关系管理的内涵、驱动因素及成长维度．南开管理评论，2002（2）：48－52.

于悦，柴俊竹．基于材料特性的供应商管理策略选择：以江仪股份为例．财务管理研究，2021（8）：18－24.

余传鹏，叶宝升，林春培．交易型领导对中小企业管理创新实施的影响研究．管理学报，2021，18（3）：394－401.

张陈宇，孙浦阳，谢娟娟．生产链位置是否影响创新模式选择：基于微观角度的理论与实证．管理世界，2020，36（1）：45－59，233.

张爽，何佳讯. 数字化交互平台、价值创新突破与核心竞争力再造：基于浦发银行顾客管理转型的案例研究. 管理案例研究与评论，2020，13（4）：431-443.

张羽飞，张树满，刘兵. 产学研深度融合影响领军企业关键核心技术突破能力的理论分析与实证检验. 管理学报，2024，21（4）：568-576，615.

周琳. 管理会计创新传播过程：制度理论视角. 生产力研究，2011（7）：197-199.

Acemoglu D, Akcigit U, Celik M A. Radical and incremental innovation: the roles of firms, managers, and innovators. American Economic Journal: Macroeconomics, 2022, 14（3）：199-249.

Anderson S W. Managing costs and cost structure throughout the value chain: research on strategic cost management. Handbooks of Management Accounting Research, 2006, 2：481-506.

Modarress B, Ansari A, Lockwood D L. Kaizen costing for lean manufacturing: a case study. International Journal of Production Research, 2005, 43（9）：1751-1760.

Banbury C M, Mitchell W. The effect of introducing important incremental innovations on market share and business survival. Strategic Management Journal, 1995, 16（S1）：161-182.

Birkinshaw J, Hamel G, Mol M. Management innovation. Academy of Management Review, 2008, 33 (4): 825 - 845.

Birkinshaw J, Mol M. How management innovation happens. MIT Sloan Management Review, 2006, 47 (4): 81 - 88.

Bolton R N, Tarasi C O. Managing customer relationships. Review of Marketing Research. Routledge, 2017, 3: 3 - 38.

Li G, Li L, Choi T M, et al. Green supply chain management in Chinese firms: innovative measures and the moderating role of quick response technology. Journal of Operations Management, 2020, 66 (7 - 8): 958 - 988.

Fogliatto F S, Da Silveira G J C, Borenstein D. The mass customization decade: an updated review of the literature. International Journal of Production Economics, 2012, 138 (1): 14 - 25.

Khosravi P, Newton C, Rezvani A. Management innovation: a systematic review and meta-analysis of past decades of research. European Management Journal, 2019, 37 (6): 694 - 707.

Kamble S, Gunasekaran A, Dhone N C. Industry 4. 0 and lean manufacturing practices for sustainable organizational performance in Indian manufacturing companies. International Journal of Production Research, 2019, 58 (5):

1319 - 1337.

Kato Y. Target costing support systems: lessons from leading Japanese companies. Management Accounting Research, 1993, 4 (1): 33 - 47.

Zhu T, Yeo N T B, Gao S Y, et al. Inventory-responsive donor-management policy: a tandem queueing network model. Manufacturing & Service Operations Management, 2023, 25 (4): 1585 - 1602.

Melnychuk T, Schultz C, Wirsich A. The effects of university-industry collaboration in preclinical research on pharmaceutical firms' R&D performance: absorptive capacity's role. Journal of Product Innovation Management, 2021, 38 (3): 355 - 378.

Nordberg M, Campbell A, Verbeke A. Using customer relationships to acquire technological innovation: a value-chain analysis of supplier contracts with scientific research institutions. Journal of Business Research, 2003, 56 (9): 711 - 719.

Scandura A. University-industry collaboration and firms' R&D effort. Research Policy, 2016, 45 (9): 1907 - 1922.

Shah R, Ward P T. Lean manufacturing: context, practice bundles, and performance. Journal of Operations Management, 2003, 21 (2): 129 - 149.

Wang Y, Lee J, Fang E, et al. Project customization

and the supplier revenue-cost dilemmas: the critical roles of supplier-customer coordination. Journal of Marketing, 2017, 81 (1): 136 – 154.

后 记
——在"拆解"与"重构"之间

完稿之际，回顾这段写作历程，感触最深的莫过于理论与实践的双向滋养。

与海信团队并肩调研的日子里，我们拆解过上百台空调，分析过数千组数据，目睹了一项项"不可能"的降本目标如何被技术创新与流程再造攻克。这些鲜活的实践让我们深刻体会到：成本管理的本质不是压缩，而是设计；不是控制，而是创造。

写作中的挑战，亦是对思维的淬炼。如何将碎片化的企业经验升华为系统方法论？如何让学术理论"说企业听得懂的话"？我们选择以"问题导向"贯穿全书——每章以实际业务场景切入，通过"痛点分析—方法应用—理论升华"的三段式结构，让读者既能"照着做"，又能"悟其道"。

需要说明的是，TCP对标法并非万能钥匙。尤其在跨界应用中，我们深刻认识到：方法的成功迁移，依赖于对行业本质的洞察（如汽车供应链的"窗口期"约束），更离不开组织文化的适配。这也为未来研究指明方向：如何量化管理工具与组织基因的匹配度？如何构建跨行业的知识转移框架？

最后，感谢所有曾质疑"对标只是模仿"的同行。正是这些声音，促使我们不断追问：对标的意义究竟是什么？海信空调的案例给出了答案——对标，是为了超越对标；拆解竞品，是为了重构自己。这或许正是中国制造走向高质量发展的隐喻：以学习为起点，以创新为终点。

本书的结束，是新一轮探索的开始。诚邀读者与我们共同思考、实践，让管理的智慧在"拆解"与"重构"中生生不息。

周　宁　纪　宇　王志刚

致　谢

　　本书的完成得益于学界与业界的智慧交融，在此向所有为本书做出贡献的师长同人致以深切谢意。

　　特别感谢北京航空航天大学经济管理学院潘立新教授、邹燕教授、徐扬副教授。作为管理案例研究领域的权威专家，潘教授以深厚的学术造诣和敏锐的行业洞察，带领团队深入海信集团开展系统性调研，与邹燕教授和徐扬副教授共同参与完成《精耕细作：国际化的海信空调降本增效之路》的案例开发，该成果不仅获得教育部学位与研究生教育发展中心和全国会计专业学位研究生教育指导委员会联合颁发的"精品案例课堂"奖、全国工商管理专业学位研究生教育指导委员会颁发的"全国百篇优秀管理案例"奖，还为本书提供了扎实的实践基底与理论框架。北京工商大学李梓老师为本书的学术严谨性做出了重要贡献。在全书校验过程中，李老师既从管理理论维度验证方法逻辑，又从企业实践维度核验成果适用性。

　　尤为感谢海信集团空调研发中心、全球产品经理部及海外事业部的专业团队和 TCP 办公室工程师分享的工作经验。正是这些来自产业一线的真知灼见，让管理方法论的研究始终扎根实践沃土。

　　此外，感谢中国管理案例共享中心搭建的产学研协同平台，使学术团队能够深度嵌入企业创新链条。同时感谢中国人民大学出版社编辑团队的专业指导，从行业趋势把握到读者视角优化，助力专业内容实现大众化传播，为学术成果的传播转化注入出版智慧。

　　本书虽已付梓，但管理创新的探索永无止境。期待更多学界、业界同人加入中国企业方法论的研究，共同书写中国管理智慧的新篇章。

周　宁　纪　宇　王志刚
2025 年夏于北京

图书在版编目（CIP）数据

降本增效：海信 TCP 方法与实践/周宁，纪宇，王志刚著. －－北京：中国人民大学出版社，2025.5.

ISBN 978-7-300-34057-9

Ⅰ.F426.6

中国国家版本馆 CIP 数据核字第 20250MT238 号

降本增效——海信 TCP 方法与实践

周 宁 纪 宇 王志刚 著

Jiangben Zengxiao——Haixin TCP Fangfa yu Shijian

出版发行	中国人民大学出版社	
社　　址	北京中关村大街 31 号	**邮政编码** 100080
电　　话	010 - 62511242（总编室）	010 - 62511770（质管部）
	010 - 82501766（邮购部）	010 - 62514148（门市部）
	010 - 62511173（发行公司）	010 - 62515275（盗版举报）
网　　址	http://www.crup.com.cn	
经　　销	新华书店	
印　　刷	北京联兴盛业印刷股份有限公司	
开　　本	890 mm×1240 mm　1/32	**版　　次** 2025 年 5 月第 1 版
印　　张	5.75 插页 2	**印　　次** 2025 年 5 月第 1 次印刷
字　　数	111 000	**定　　价** 59.00 元